À PARIS, AU PRINTEMPS, ÇA SENT LA MERDE ET LE LILAS

Les ouvrages publiés de Régine Deforges
sont référencés en page 199.

Régine Deforges

À Paris, au printemps, ça sent la merde et le lilas

Fayard

ISBN : 978-2-213-63724-2

à André Hardellet

De tristes échos se réveillent dans les cœurs qui ont retenu les bruits des révolutions.

CHATEAUBRIAND

Encore un livre autour de 1968 ? Pourquoi en ajouter un de plus alors que les tables des librairies sont encombrées par des publications à l'usage de ceux qui n'ont pas vécu cette période ou de ceux qui n'y ont rien compris ? Parmi ceux-ci, notre président Nicolas Sarkozy, si l'on en juge par la lecture du livre des Glucksmann père et fils. Quoi qu'il en soit, je ne retrouve pas, dans ces ouvrages, l'ambiance de fête, ce joyeux bordel, ces paroles incohérentes et définitives, cette liberté dans l'expression qui ont fait la particularité des « événements ». Le tout, exposé avec un sérieux qui n'existait pas.

Loin de moi l'idée de dénigrer 1968, de rendre cette année responsable de tous les maux de la société actuelle, du désengagement des jeunes, de la violence dans les banlieues, de la consommation de drogues, de la perte des valeurs républicaines ou autres, de la pornographie, du désenchantement, de l'ennui... Loin de moi également l'idée d'affirmer que 1968 a libéré les mœurs, rendu plus faciles les rapports entre hommes et femmes, apporté l'égalité des sexes et des chances... Non, rien de tout cela. Voici seulement le récit de quelqu'un qui, sur le terrain, ne comprit pas grand-chose à ce qui se passait, mais trouvait ce désordre joyeux, rompant avec la monotonie des jours, donnant la parole à tous, jeunes et vieux, étudiants et ouvriers. Il y avait là comme un désir de rêver ensemble à un avenir plus heureux. De ce rêve il reste peu de chose, si ce n'est la nostalgie de ce qui aurait pu être...

C'est peut-être pour cela que l'envie d'apporter mon modeste pavé à ces barricades du souvenir m'a saisie pour faire comprendre, pour mieux comprendre, aussi, ce qui avait pu se passer du côté de la liberté d'expression au moment où j'étais moi-même interdite de publier librement.

Croyez-vous, me dira-t-on, que cela puisse intéresser les foules ? Les foules, non, mais quelques-uns de mes contemporains, peut-être.

1

La ville était devenue
Tellement blanche
Qu'il fallait y peindre la Révolution

Inscription murale, Nanterre.

Que fut pour moi l'année 1968 ? Une année faste ? Une année joyeuse ? Une année de merde ? Disons : une fastueuse année de merde !

En 1968, j'étais très amoureuse et rien d'autre ne comptait que cet amour qui, sans me combler, occupait mes jours et mes nuits. Il ne me comblait pas car j'étais affamée d'amour et ne mangeais pas à ma faim. Je le voulais tout à moi, occupé de moi seule, et lui ne le pouvait ou ne le désirait pas ; cela, j'avais le plus grand mal à l'accepter.

Je venais, avec son aide, de créer l'Or du Temps, devenant ainsi libraire-éditeur – première femme éditeur de France ; ce que j'appris un peu plus tard. Nous avions repris une librairie située place Clichy dont Gérard et Geneviève Bourgadier, quittant le Poitou, s'occupaient. Nous étions spécialisés en cinéma, sciences humaines, fantastique, roman policier, bandes dessinées et littérature érotique. Ce mélange était, à l'époque, très inhabituel, les libraires étant plutôt, dans l'ensemble, conservateurs. Vendre de la littérature érotique, autrement que sous le manteau, dérangeait tout un circuit bien rodé d'imprimeurs, d'éditeurs, de représentants et de libraires. Ces livres imprimés à petit tirage, le plus souvent illustrés, étaient recherchés par une clientèle de bibliophiles amateurs de *curiosa*, comme on appelle en langage de collectionneurs les érotiques. Je revois un de ces démarcheurs, habillé de sombre, portant un chapeau de feutre et une mallette de cuir à l'intérieur doublé de satin rose sur lequel reposaient ces livres confidentiels. Avec quelle gourmandise il en entrouvrait le couvercle, soulevait le rectangle de satin qui protégeait ces raretés, tout en jetant un regard autour de lui pour s'assurer qu'aucun œil policier ne se trouvait dans les parages ! La première fois que je vis ce manège, j'eus du mal à ne pas éclater de rire, tant le bonhomme me faisait penser à un exhibitionniste entrouvrant son manteau à la sortie des écoles ou sur les quais du métro. Tout ce petit monde vivant de la pornographie clandestine ne vit pas d'un bon œil l'irruption d'une jeune femme affichant si ouvertement ce qu'il cachait avec soin. Comment cette drôlesse se permettait-elle d'annoncer, par voie de presse, son intention de publier les textes érotiques des temps passés comme ceux d'aujourd'hui, de les vendre par correspondance comme en librairie ? C'était la mort de leur petit commerce.

Pourquoi ce nom, l'Or du Temps ? C'était un hommage rendu à André Breton qui avait écrit : « Je cherche l'or du temps. »

D'entrée de jeu, j'affirmai ouvertement ma position en tête de mes catalogues : « Si j'ai choisi d'éditer des livres érotiques, cela cachait-il un besoin inassouvi, signe de quelque ancienne curiosité enfantine ? Je ne sais. Je renonce seulement à appeler "pervers" l'intérêt que les hommes et les femmes d'aujourd'hui accordent de plus en plus ouvertement à l'érotisme. Je l'appellerais plutôt signe d'une libération qui me réjouit et nous rapproche enfin de nous-même. »

Je ne peux m'empêcher de sourire, en relisant ces lignes, pour ce qu'elles manifestent de naïveté, d'optimisme et de confiance dans la nature humaine. En effet, j'étais persuadée que tout le monde était intéressé par l'érotisme, puisque tout le monde avait un sexe et rêvait de réaliser ses phantasmes. Que j'étais loin de la réalité ! Le plus grand nombre, passé les troubles de l'adolescence, se contentait de faire l'amour davantage par obligation et hygiène que par désir. Il me revient en mémoire un numéro d'*Actuel*, le magazine de Jean-François Bizot, sur la vie sexuelle des Français, publié peu après 1968 et intitulé : « Le Sexe en jachère » ; c'était à frémir ! Mais c'était il y a quarante ans...

Tout avait donc commencé en 1967 par des annonces publiées dans *Combat*, *France-Soir*, *Le Figaro littéraire*, *Le Journal du dimanche*, *La Quinzaine littéraire*, *L'Express*,

Le Nouvel Observateur et j'en passe, ainsi rédigées : « Surréalisme, *curiosa*, insolite, livres rares et curieux, catalogue gratuit sur simple demande » ; ou : « Ce bon de commande n'est pas à mettre entre toutes les mains » ; ou encore : « Avant de prétendre que les vrais chefs-d'œuvre de la littérature érotique sont introuvables, écrivez à cette jeune femme. » Cette dernière annonce était ornée de ma photo tenant dans mes bras le chat noir de la maison. Les demandes affluèrent, les commandes suivirent. Le premier catalogue de vente par correspondance s'intitulait : « La Conquête du sexe », ce qui signifiait pour moi le beau sexe, donc la conquête accomplie par les femmes d'un domaine qui leur était jusque-là étranger, pour ne pas dire interdit. Le deuxième catalogue paraissait plus audacieux puisqu'il était illustré de photos de moi, nue ; ce qui fit écrire à Jean-Claude Michel, dans *Adam* : « Cette publicité alléchante qui répond exactement aux produits vendus risque de faire tache d'huile. Déjà, on murmure que *Paris-Match* aurait fait un pont d'or à M. Robert Laffont pour qu'il chasse, dans la même tenue, des papillons. M. Christian Bourgois ne saurait rien refuser à *Vogue*. Mon goût de l'esthétisme m'empêche de dévoiler les noms et les visages des autres candidats. Le catalogue le plus dénudé de l'édition française va paraître. » *Le Canard enchaîné*, lui, demandait à Claude Gallimard d'avoir le bon goût de s'abstenir...

Pour l'heure, il fallait faire vivre mon fils Franck, ma fille Camille, ma mère et mon jeune frère Bernard : beaucoup de monde pour une écervelée vivant au jour le jour, confiante dans sa bonne étoile... « On verra bien », ou « Demain est un autre jour », ou encore « À la grâce de Dieu ! » étaient mes expressions favorites quand on m'avisait des réalités du quotidien. Sans la présence de maman et son bon sens, les enfants n'auraient peut-être pas mangé tous les jours. Fallait-il que je sois inconsciente pour aller dépenser mon dernier billet de cent francs en caviar et en vodka, rue Quentin-Bauchart ou place de la Madeleine – ce qui serait impossible aujourd'hui, le caviar ayant considérablement augmenté ? Le Ciel aidant, je n'ai jamais eu à me repentir d'avoir fait preuve d'un comportement aussi désinvolte.

En janvier de cette année 1968, j'étais très excitée : Hachette avait accepté de distribuer mon premier livre, *Le Con d'Irène*, à condition que je change le titre en *Irène* ; ce que j'avais accepté à contrecœur. Mais je n'avais guère le choix : j'avais besoin d'un distributeur, d'autant que l'auteur, Louis Aragon, n'avait répondu à aucune de mes lettres lui demandant l'autorisation de publier un texte qui avait vu le jour clandestinement, en 1928, accompagné d'illustrations de Masson. Mon avocat d'alors, Maître Bomsel, m'avait assuré que je pouvais éditer ce livre, l'auteur et l'éditeur étant anonymes, et qu'il appartiendrait au premier ou à la première qui en assumerait la paternité : ce fut donc moi qui apposai mon nom sur la couverture, celui de l'auteur étant laissé en blanc. C'est cette absence qui permit, semble-t-il, à la police de saisir le tirage d'*Irène*, car tout livre doit obligatoirement porter trois mentions : le nom de l'auteur, celui de l'éditeur et celui de l'imprimeur sous la date de l'achevé d'imprimer ; il ne manquait que la première. J'avais déposé au domicile d'Aragon, rue de Varenne, un exemplaire de cette édition avec un petit mot ; l'un et l'autre étaient restés sans réponse. Aux questions de Frédéric de Towarnicki, de *L'Express*, le père « dénaturé » d'*Irène* avait répondu en souriant : « J'ai lu ce livre il y a longtemps. Je ne l'ai pas relu depuis. Cette dame a jugé bon de le publier. Oh, ce n'est pas un crime de sa part... » Merci, monsieur Aragon ! Quelques années plus tard, je devais apprendre qu'il disait de moi que j'étais une « emmerdeuse »...

Le 12 février de cette année-là, la police se présenta à mes bureaux, rue Blanche, et saisit une dizaine d'exemplaires d'*Irène* sans remarquer que j'étais assise sur un carton qui en contenait une cinquantaine d'autres. Je signai un papier et l'on me remit une convocation pour le 17 à 10 heures du matin, au Palais de Justice. Après la rue Blanche, la police se rendit chez mon distributeur pour saisir la totalité du stock, soit 2 500 exemplaires. Dans la foulée, les policiers perquisitionnèrent chez les libraires qui avaient déjà reçu l'ouvrage, puis allèrent saisir les plombs chez l'imprimeur. J'étais furieuse : le livre commençait à marcher, on envisageait même une réimpression.

J'ai noté dans mon journal de l'époque : « Je crois que je vais faire de l'édition. Cela m'intéresse de plus en plus. N'étant pas écrivain, il m'est très agréable de mettre quand même mon nom sur la couverture d'un livre ! » Pourquoi était-ce si important pour moi ? Qu'est-ce qu'un éditeur par rapport à un auteur ? « Le patron », me répondait l'homme que j'aimais. Le patron, peut-être, mais qu'est-ce qu'un éditeur face à un écrivain ? Celui qui paie ? Paie-t-on jamais cette insolente liberté qu'est l'écriture ? Était-ce pour cela que j'avais tant de mal à accepter et à comprendre que Louis Aragon n'eût jamais reconnu son livre ? Cela me semblait d'une inconcevable lâcheté, une manière d'abandon. J'étais du côté de Jean-Jacques Rousseau qui abandonnait plus facilement un enfant qu'un livre... Pour me faire bien comprendre le rôle de chacun dans la hiérarchie littéraire, mon amant ajoutait : « Les écrivains sont des putes, les directeurs littéraires des sous-maîtresses, le seul patron, le mac, c'est l'éditeur. » Belle façon de me faire entendre comment fonctionnait le petit monde des Lettres !

C'est alors que *Le Monde, France-Soir* et *L'Express* parlèrent de la « scandaleuse », de la

« polissonne », de la « papesse de l'érotisme », et j'en passe, mais aucun ne s'indignait pour autant du scandale que constituait la saisie d'un livre ni n'évoquait l'atteinte à la liberté d'expression... Il y eut cependant quelques articles de fond. Dans *Paris Presse* : « Cette *Irène* que renie Aragon » ; dans *Minute* : « *Irène* cache un papa illustre » ; dans *France-Soir* : « Mais qui a donc écrit *Irène* ? » ou « Elle a voulu éditer la très polissonne *Irène* ».

Le Nouvel Observateur, sous la plume d'André Pieyre de Mandiargues – dont je publierai, quelques années plus tard, l'abominable et merveilleux roman érotique *L'Anglais décrit dans le château fermé*, pour lequel il exigera l'anonymat, signant son livre du pseudonyme de Pierre Morion –, titrait : « Un admirable poème érotique : chaque fois que j'ai relu ce bref roman, mon admiration pour lui s'est accrue. Camus, nous dit-on, le tenait pour le plus beau de tous les textes touchant à l'érotisme. Ce n'est pas exactement ainsi que je m'exprimerai, et je crois qu'il convient plutôt, comme dans le cas des *Chants de Maldoror*, de parler d'une certaine beauté scandaleuse qui entre dans les catégories de l'esprit révolutionnaire. »

Le Canard enchaîné, sous le titre : « L'Aragon d'*Irène* », laissait Yvan Audouard s'exprimer en ces termes : « Il faudrait savoir. C'est toi ou c'est pas toi ? Je le dis tout de suite : si ce n'est pas toi, c'est donc ton frère... Les choses étant ce qu'elles sont, la première question qui se pose est la suivante : un auteur de génie a-t-il essayé de vendre, alors qu'il était un inconnu, son délire verbal dont personne ne voulait, en lui donnant un label érotique ? La deuxième question est encore plus grave : un auteur dont le génie a fini par être reconnu a-t-il le droit de renier une œuvre de jeunesse pour ne pas compromettre son label ?... Je ne saurais prendre position dans cette querelle, ni résoudre cette énigme. Cette *Irène* a bien un protecteur, mais qui est-il ? Je n'en sais rien... La rumeur publique attribue unanimement au poète Aragon le texte de cette *Irène* dont l'attribution semble aujourd'hui l'importuner. Pourtant, l'auteur ne lui a accordé qu'un morceau de bravoure [...]. Aragon peut seul sauver cette gracieuse éditrice [...]. Mais c'est à lui de juger. À lui seul. Il y va, Monsieur, de l'honneur d'une femme ! »

La presse étrangère ne fut pas en reste ; j'en ai pour preuve, entre autres, les pages publiées dans le supplément littéraire du très sérieux *Times*, dans *L'Information d'Israël*, *La Tribune de Lausanne*, *Le Soir de Bruxelles*...

Sans doute n'avais-je pas choisi un très bon moment pour publier des livres érotiques : depuis quelque temps déjà, la censure s'était renforcée, de nombreux livres étaient interdits. Mais cela, si je ne l'ignorais pas, je ne pouvais l'accepter. Dès février 1967, Claude Gallimard, dans un éditorial courageux, rappelait que cinq cent quarante-trois livres avaient fait l'objet d'interdictions administratives, de 1958 à 1965, par suite, selon lui, de dispositions gouvernementales visant à établir le cadre d'une réglementation destinée à protéger la jeunesse contre certaines publications. Ce qui, en fait, conférait au pouvoir exécutif le droit discrétionnaire de juger qu'un livre devait être interdit, sans qu'il y eût le moindre recours possible devant le pouvoir judiciaire ; c'est-à-dire que le ministre de l'Intérieur décidait souverainement du sort d'un livre et chargeait le directeur de la Sûreté de veiller à l'interdiction prononcée. Ainsi que le stipulait la loi, si ce ministre, sans avoir à rendre de comptes à personne, interdisait dans la même année trois livres d'un même éditeur, parus en l'espace d'un an, il imposait automatiquement à cet éditeur l'obligation de lui soumettre, trois mois à l'avance, ses publications analogues telles qu'elles seraient proposées en librairie ; et ce, pendant cinq ans ! L'éditeur ne pouvait interjeter aucun appel devant aucune commission, aucun tribunal, pour estimer si les livres interdits présentaient le moindre caractère dangereux pour la jeunesse. Il va sans dire que le respect de cette loi, instaurant la censure préalable, conduisait à la faillite l'éditeur concerné, puisqu'il devait déposer en trois exemplaires, au ministère de l'Intérieur, ses ouvrages imprimés avant de les mettre en vente, puis attendre le bon vouloir du ministre. Ce dépôt ne mettait d'ailleurs pas les livres à l'abri d'une interdiction et, dans ce cas, l'éditeur était laissé à la tête d'un stock invendable. On voit les dégâts pour sa trésorerie…

2

Brutes je vais crier je crie brutes fils de truies enculées par les prie-Dieu avortons de caleçons sales boues des chiottes mailles sautées aux bas des putains crapauds domestiques muqueuses purulentes vermines lâchez-moi roulures de rhododendrons poils d'aisselle bougies tontes de poux suints de rats copeaux noirs déjections lâchez-moi je vous tue je vous pile je vous arrache les couilles je vous mâche le nez je vous piétine.

LOUIS ARAGON, *Le Con d'Irène.*

Le 17 février 1968, il faisait froid et beau. Je marchais d'un bon pas le long des quais de la Seine que je traversai au Pont-Neuf en laissant glisser, comme à mon habitude, mes doigts sur la pierre froide. Je pris la courte rue qui conduit à la place Dauphine et, machinalement, je ralentis le pas...

« J'ai pu dire autrefois que la place Dauphine est bien un des lieux les plus profondément retirés que je connaisse, un des pires terrains vagues qui soient à Paris. Chaque fois que je m'y suis trouvé, j'ai senti m'abandonner peu à peu l'envie d'aller ailleurs, il m'a fallu argumenter avec moi-même pour me dégager d'une étreinte très douce, trop agréablement insistante et, à tout prendre, brisante. Cette impression ne s'est éclairée pour moi, mais alors aux limites de l'éblouissement, que plus tard. Il me semble, aujourd'hui, difficile d'admettre que d'autres avant moi, s'aventurant sur la place Dauphine par le Pont-Neuf, n'aient pas été saisis à la gorge à l'aspect de sa conformation triangulaire, d'ailleurs légèrement curviligne, et de la fente qui la bissecte en deux espaces boisés. C'est, à ne pouvoir s'y méprendre, le sexe de Paris qui se dessine sous ces ombrages. Sa toison brûle encore, quelquefois l'an, du supplice des Templiers qui s'y consomma le 13 mars 1313 et dont certains veulent qu'il ait été pour beaucoup dans le destin révolutionnaire de la ville. »

Ce passage de *La Clé des champs*, d'André Breton, me revenait en mémoire comme je me dirigeais vers le vaste escalier de marbre blanc du Palais de Justice. Là, on m'indiqua les locaux de la Brigade mondaine. J'entrai dans une salle immense, meublée de nombreux bureaux et comportant sur toute la longueur du mur, face aux fenêtres donnant sur la Seine, des cages, des cellules où se tenaient les gens qu'on y avait enfermés dans la nuit. Cela sentait le tabac froid, la sueur, la crasse, l'encre d'imprimerie et la poussière. On me fit asseoir à une table sur laquelle étaient étalées des photos pornographiques : je n'en avais jamais vu. Je remarquai que les policiers, en civil ou non, m'observaient pour voir ma réaction devant cet étalage. Je pris un paquet de photos et le retournai puis, prenant le livre que j'avais dans mon sac – un Simenon, je crois –, je me mis à lire. C'est ainsi que le commissaire Ottavioli, patron de la Mondaine, me trouva et s'installa en face de moi ; je refermai mon livre. « Bon auteur », dit-il. Là-dessus, à sa demande, je déclinai mon identité, etc. Il prit des notes puis, reposant son stylo, me demanda quels étaient mes projets : « Continuer à publier des livres. »

– Érotiques ? »

Je ne répondis pas.

« Alors voilà ce qui va vous arriver : vos livres seront interdits, vous continuerez quand même, vous aurez de lourdes amendes et, si cela ne suffit pas, vous serez convoquée par le juge d'instruction, inculpée d'outrages aux bonnes mœurs par la voie du livre et... condamnée ! »

Je devais l'écouter d'un air narquois, du genre « Cause toujours... ».

« Vous verrez, je vous aurai avertie », ajouta-t-il d'un ton las.

Je ne savais pas qu'il avait un don de voyance, à moins que... l'habitude ? Courtois, il me raccompagna.

Je descendis les marches du Palais et me dirigeai machinalement vers le quai des Orfèvres. Il faisait toujours beau. Je frissonnai.

La Seine brillait sous le soleil, les bateaux voguaient, les passants passaient, des amoureux s'embrassaient, des pigeons se bécotaient aussi… La place Dauphine n'évoquait plus le sexe de Paris. J'avais froid, j'étais triste. Notre-Dame se dressait, énorme, indifférente, pas même belle. Dans mon désarroi, j'allai vers elle, cherchant un refuge à la peur qui me nouait l'estomac. J'entrai. J'allumai un cierge, puis deux, on ne sait jamais... J'étais désemparée. Je sentais monter une sourde colère : contre les flics et leur morgue, contre les journalistes arrogants à la recherche du détail croustillant, contre le gouvernement de la République auteur de lois imbéciles, contre Dieu, absent comme à Son habitude. Avez-vous remarqué que Dieu est partout sauf dans les lieux qui Lui sont consacrés ? Ce jour-là ne faisait pas exception. Je sortis, plus triste encore.

Dehors, il faisait toujours beau.

J'empruntai la passerelle pour rejoindre l'île Saint-Louis. Je descendis sur les berges. Le beau temps avait attiré un pêcheur à la ligne, l'œil fixé sur un bouchon multicolore. Une mère retenait son petit garçon qui voulait mettre les pieds dans l'eau. Des moineaux picoraient entre les pavés. Des mouettes volaient. Un clochard, dos appuyé au mur, se laissait caresser par les chauds rayons, fourrageant une tignasse poivre et sel. Une péniche lourdement chargée chassa l'eau si fort que les pieds du gamin furent mouillés : cela le fit rire ; moi aussi. Pas la mère, qui me jeta un regard furieux et tira si brusquement le môme qu'il poussa un cri, qui dérangea le pêcheur, fit sursauter le clochard et s'envoler les moineaux.

Je remontai sur le quai.

Il faisait toujours beau. Cependant, tout me semblait sombre et une tristesse sournoise me collait à la peau.

J'ai rejoint mon amant à La Bûcherie. J'aimais bien cet endroit où brûlait toujours un feu joyeux dans la cheminée.

« Alors ?

– Alors, quoi ?

– Comment cela s'est-il passé, à la Mondaine ?

– Bien.

– Mais encore ?

– Que voulez-vous que je vous raconte ? Ils ont été corrects, comme on dit. Je n'ai pas rougi en voyant les photos pornos qu'ils avaient laissées sur la table à mon intention.

– Les salauds... Et le patron de la Mondaine, comment était-il ?

– Sympathique. C'est louche, les flics sympathiques. Plutôt inquiétant, non ? Il m'a fait la morale, me prédisant ce qui m'arriverait si je m'obstinais à continuer ce genre de publications.

– Qu'avez-vous répondu ?

– Que j'allais continuer. »

Oh, le regard qu'il me jeta à ce moment-là, fait d'ironie, d'amusement, d'attendrissement, d'amour aussi.

« Comment ferez-vous ? Vous n'avez même plus de livres à vendre et l'imprimeur n'est pas payé. »

Ce fut comme une douche glacée : je n'avais pas pensé à cela. Je lui lançai un coup d'œil anxieux. Il continua : « Vous allez avoir le loyer du bureau à payer, les salaires, les honoraires de l'avocat. »

Je l'avais oublié, celui-là ! N'avait-il pas dit qu'il n'y avait aucun risque à publier *Le Con d'Irène* ?

J'étais accablée. Tout cela me coupa l'appétit. Je repoussai mon assiette, demandai un café et allumai une cigarette. La fumée calma un peu mon angoisse. Mon compagnon me regardait, l'air toujours aussi amusé. « Vous ressemblez à une jeune biche aux abois… »

Je trouvai cette remarque stupide et haussai les épaules. Je n'aime pas la position du gibier, d'autant que la meute qui me traquait me paraissait animée de sentiments troubles, ne se souciant que de la traque et de la mise à mort. Telle la chevrette de monsieur Seguin, je me battrais jusqu'au bout : pas question que je me couche ni que j'appelle à l'aide ! De toute façon, qui appellerais-je ? Qui serait prêt à se battre à mes côtés pour défendre la liberté d'imprimer ce que l'on veut ? *France-Soir* pouvait faire sa une, photos à l'appui, sur les atrocités commises par les Américains au Vietnam, personne n'y trouvait à redire, personne ne voulait voir que c'était là que résidait l'obscénité, et non dans le fait de publier des livres qui parlaient des plaisirs du sexe. En 1968, il était plus licite de faire la guerre que de faire l'amour !

La main de mon amant glissa sous ma jupe et me caressa l'intérieur des cuisses. J'aimais cela. Je lui fis toutefois remarquer que ce n'était guère le moment. Cela le fit rire et ses doigts se firent plus indiscrets ; je laissai échapper un gémissement.

« Alors, ce n'est toujours pas le moment ? »

Que répondre ?

Sans nous être concertés, nous nous retrouvâmes rue Jacob, à l'hôtel d'Isly, là où fut conçue notre fille Camille.

Quand nous nous quittâmes, les derniers rayons du soleil éclairaient les toits de Saint-Germain-des-Prés. Je marchai lentement : il était trop tard pour retourner place Clichy. Je traversai le pont Royal, m'arrêtai pour regarder le soleil se coucher derrière les verrières du Grand Palais. L'eau noire de la Seine scintillait. Quelque chose dans l'air annonçait le printemps. Je me détendais : ici, à Paris, rien de mauvais ne pouvait m'arriver. Il y avait, entre la ville et moi, comme un goût partagé de la liberté et du péché... Je passai alors un pacte avec cette ville que j'aimais : un jour, je dirais sa beauté, la force qui émane d'elle, la douceur et le parfum des soirs de mai. Des vers de Jehan Rictus tournaient dans ma tête : « À Paris, au printemps, ça sent la merde et le lilas[1]... » Un air d'accordéon monta d'une péniche : j'y vis un signe de complicité. Je repartis en

1. Jehan Rictus, « Le Piège », *Le Cœur populaire*, Paris, 1914.

chantonnant : « Ciel de Paris, la vie au fond n'est pas méchante... »

Le 14 février, au lendemain d'une pétition signée par Louis Aragon, Roland Barthes, Marguerite Duras, Jean Genet, Jean-Paul Sartre, Samuel Beckett, Jean Eustache, Anne Wiazemsky, Claude Chabrol, Alain Resnais, Jean-Luc Godard, Simone Signoret, Michel Piccoli, François Truffaut, Jean-Pierre Léaud, Man Ray, Nicholas Ray et d'autres, un rassemblement eut lieu place du Trocadéro afin de protester contre l'éviction de la Cinémathèque, à la demande d'André Malraux, de Henri Langlois, son fondateur. Au Trocadéro, il y avait plus de CRS que de manifestants. Par crainte de débordements, le gouvernement avait fait fermer la Cinémathèque tandis que son nouveau directeur, Pierre Barbin, en faisait changer les serrures et licenciait cinquante-quatre des employés. Que reprochait-on à Langlois ? Une gestion fantasque, marquée par le rejet de la bureaucratie et le refus d'une cogestion avec un directeur administratif, Claude Fabrizio. Les CRS chargèrent cette foule bon enfant avec une rare violence : Tavernier se retrouva le visage en sang, Anne Wiazemsky fut rouée de coups, Rivette frappé au ventre, Truffaut molesté et Godard y perdit ses lunettes... Parmi les manifestants, un jeune rouquin, Daniel Cohn-Bendit, n'était pas le dernier à faire le coup de poing !

Le 20 février, un nouveau rassemblement, rue de Grenelle, faillit virer à l'émeute. Jean-Pierre Léaud hurlait : « Des films, pas des flics ! », et Jean Marais, à l'aide d'un mégaphone, haranguait les manifestants.

Dans le même temps, à la faculté des lettres et sciences humaines de Nanterre, 300 à 400 étudiants faisaient le siège du doyen de la faculté, Pierre Grappin, homme de gauche et héros de la Résistance, pour manifester leur mécontentement contre le règlement et l'administration. Voici, selon un numéro de *Paris-Match* du printemps 1968, comment ce mouvement revendicatif allait mettre le pays au bord de la révolution :

« Le premier cheval de bataille de ces jeunes gens avait été la proclamation du droit de se rendre librement, de jour et de nuit, dans les chambres des étudiantes qui résidaient, en vertu de vieux usages hérités de la société bourgeoise, et notamment des lois et coutumes concernant la protection des mineures, dans des bâtiments distincts de ceux des étudiants. La règle de la résidence universitaire de Nanterre où 60 % des jeunes filles ont moins de 21 ans, est que l'accès de leurs chambres soit interdit à tout visiteur, l'administration supposant que le droit accordé aux jeunes filles d'aller chez les garçons suffisait. »

Ce n'était pas l'avis des étudiants qui proclamaient haut et fort que c'était là un exemple précis et notoire de l'oppression que la société faisait peser sur la jeunesse. Mais il y avait plus grave : une rumeur courait les couloirs de la faculté selon laquelle le doyen Grappin aurait fait établir une liste noire portant les noms des contestataires, laquelle serait communiquée aux professeurs pour que ceux-ci fassent échouer à leurs examens les élèves qui y figureraient. Malgré les démentis véhéments du doyen, les étudiants, armés de bâtons et de barres de fer, attaquèrent les bureaux de l'administration en criant : « À bas la liste noire ! » Les coups pleuvaient. Les insultes fusaient, n'épargnant pas le doyen qui se fit traiter de nazi ; ce qui, pour un ancien résistant, était particulièrement odieux et injuste. Devant le désordre grandissant et les risques encourus par le personnel enseignant, Pierre Grappin fit appel à la police et annonça la suspension des cours.

3

Les policiers de Paris ont piétiné notre espoir...

Poème d'étudiant.

Le lendemain, dès mon arrivée au bureau, j'appelai les rédacteurs de nombreux journaux pour raconter ce qui venait de m'arriver, chose inadmissible au pays des droits de l'homme : la saisie d'un livre. Je criai à la censure comme on crie « Au feu ! ». La plupart m'écoutaient poliment, avec indifférence, mais certains, plus cultivés, tendaient l'oreille au nom d'Aragon et s'émoustillaient en apprenant qu'il s'agissait d'un texte érotique : le malentendu commençait. Je ne voulais pas qu'on prît la défense d'*Irène* parce que c'était un texte érotique, mais parce c'était un livre qu'on avait saisi sans que je pusse le défendre, et que cela était inconcevable en France, pays des Lumières et de la Liberté. Personne ne retint ces arguments. Et puis, mignonne, le cul, ça fait mieux vendre que le combat pour la liberté d'expression !

L'imprimeur ayant accepté de me faire crédit, je republiai *Irène* avec un nom d'auteur bidon, le plus ridicule possible, Albert de Routisie, et le livre reparut en librairie. « *Irène* a trouvé un père », titra le 4 avril *Paris Presse*. J'étais cependant déçue, car je n'avais pas réussi à avoir le même papier que celui de l'édition précédente : un vergé légèrement ivoire.

Pendant ce temps-là, des incidents se produisaient dans les universités. À Bordeaux, des ouvriers des usines Dassault et des étudiants défilaient côte à côte. Le 22 mars, à la suite de l'arrestation d'étudiants manifestant contre la guerre au Vietnam, des incidents éclataient à la faculté des lettres de Nanterre occupée ; le Mouvement du 22-Mars y voyait le jour. Le 21 avril, à l'assemblée générale de l'UNEF, des bagarres avaient lieu entre étudiants de droite, de gauche et d'extrême gauche. Le 27 avril, la police interpellait Cohn-Bendit.

Prague vivait aussi son Printemps. Alexander Dubček remettait son fameux rapport au Comité central. Outre-Atlantique, Martin Luther King, celui qui rêvait de voir abolir les discriminations frappant ses frères noirs, était assassiné. La nouvelle de l'attentat provoqua des réactions de colère dans plusieurs villes des États-Unis, faisant quarante-six morts et des centaines de blessés. Youri Gagarine, le premier homme à avoir voyagé dans l'espace, disparaissait dans un accident d'avion. Les bombes continuaient à pleuvoir sur le Vietnam, la foule américaine se massait devant la Maison-Blanche en criant des slogans hostiles à la guerre, slogans vite repris par les jeunes du monde entier. À Varsovie, à Cracovie, les forces de l'ordre arrêtaient brutalement 1 208 personnes qui avaient osé réclamer le respect des droits fondamentaux. Partout la jeunesse bougeait, les peuples exigeaient plus de liberté.

Pour me changer les idées, mon amant m'emmena en Suisse, à Genève puis à Lausanne où je retrouvai avec plaisir Vladimir Dimitrijevic. J'avais fait la connaissance de ce Serbe amoureux de littérature, curieux, cultivé, gai, amateur de *dôle* et de *fendant*, ces merveilleux vins suisses, au cours d'un de ces voyages où je visitais pour le compte des éditions Jean-Jacques Pauvert les libraires au pays de Jean-Jacques Rousseau. Dimitrijevic était alors libraire à Lausanne, connaissait et appréciait l'éditeur de Sade et du Littré. Notre passion pour les livres nous avait rapprochés. C'est chez lui que j'avais acheté une édition clandestine des *Exploits d'un jeune don Juan*, de Guillaume Apollinaire. Il fut heureux de me revoir, me parla de mes démêlés avec la censure. Il avait lu *Le Con d'Irène* dans l'édition clandestine de 1928 et tenait l'ouvrage pour un des grands textes du surréalisme. Il disait ne pas comprendre la saisie de ce livre par la police française. Je lui demandai comment marchaient les éditions l'Âge d'homme, qu'il avait fondées en 1966. « C'est difficile, mais je suis plutôt content », me répondit-il.

À mon retour à Paris, je pris connaissance des papiers de *L'Express* et du *Canard enchaîné*, et appris que des exemplaires d'*Irène* ayant échappé aux saisies des policiers se vendaient au marché noir.

J'allai chez Denoël, qui donnait un grand cocktail pour fêter le 500 000e exemplaire du *Défi américain* de Jean-Jacques Servan-Schreiber, dans l'espoir d'y rencontrer des journalistes et de leur parler de mes problèmes. Je lis dans mon journal d'alors : « Il y avait là des ministres, des éditeurs, des journalistes, des photographes, bref une manifestation bien parisienne que j'ai trouvée bien terne. » J'étais vêtue d'un bermuda moulant, d'un long pull à col roulé noir et de hautes bottes, noires elles aussi. J'avais les hanches ceinturées d'une chaîne rouillée trouvée dans un champ. Je revois les regards qui se posaient sur moi, ceux agacés ou pincés des femmes, ceux intrigués ou émoustillés des hommes. Quant à J.J.S.S., il me dévorait des yeux, ce qui ne fut pas du goût de Françoise Giroud qui l'entraîna loin de moi… Claude Tchou fut odieux tandis que Jérôme Lindon me donnait du « cher confrère » d'un ton ironique et cependant amical. C'est ce jour-là que je fis la connaissance de Georges Kiejman ; les autres, je les ai oubliés.

À quelques jours de là, Madeleine Chapsal m'invita à dîner chez elle où elle recevait diverses personnalités du monde littéraire et journalistique ; Jean-Jacques Pauvert m'accompagnait. Il y avait foule dans son bel appartement de l'avenue Pierre-Ier-de-Serbie, les femmes étaient élégantes, très bien coiffées, leurs bijoux mis en valeur par l'indispensable robe noire que les Parisiennes aimaient alors à porter le soir. Je ne connaissais personne. Les invités se pressaient devant un grand buffet. On me tendit un verre de champagne. Jean-Jacques Pauvert riait et bavardait avec Françoise Giroud et deux autres élégantes jeunes femmes. Je me retirai dans un petit salon où Madeleine vint me chercher pour me présenter à ses amis : Simon Nora, Claude Simon, Jacques Duhamel... Je serrais des mains, je souriais, j'acceptais un verre de champagne. Je me sentais gauche, j'étais lasse. J'allais retourner dans le petit salon quand Madeleine revint vers moi en compagnie d'un homme aux cheveux coiffés en brosse dont la tête me disait quelque chose.

« Jacques, voici Régine Deforges dont vous me parliez tout à l'heure. Régine, je te présente Jacques Lacan. »

Je tendis la main en souriant. Avant de me tendre la sienne, il me dévisagea. Surprise, je soutins son regard tandis que nos mains se serraient. Je n'aimais pas ces yeux scrutateurs. Pourquoi me regardait-il ainsi ?

« C'est bien vous qui avez publié *Le Con d'Irène* ? »

Je n'aimais pas sa voix non plus. Je retirai ma main et répondis sèchement : « Oui.

– Vous ne savez pas ce que vous avez fait. »

Je le regardai sans comprendre : me prenait-il pour une idiote ?

« Que voulez-vous dire ?

– Vous avez publié ce livre d'Aragon sans connaître son histoire, sans vous rendre compte de ce que vous faisiez. »

Encore ! Le fameux psychanalyste commençait à m'énerver.

« Quand on publie un livre, on sait pourquoi. »

Autour de nous, on essayait d'attraper quelques mots du maître. Madeleine s'éloigna.

« Je possède l'édition originale de ce livre, ajouta-t-il avec une certaine morgue.

– Celle de 1928, avec les dessins de Masson ?

– Vous connaissez ?

– Oui, mais je n'ai pas les moyens de me l'offrir…

– Il m'a suffi de téléphoner aux libraires qui recherchent des livres pour moi...

– Je détesterais cela ! Je fais les bouquinistes et cherche les livres moi-même », répliquai-je en lui coupant la parole.

Je lui tournai le dos, ne supportant plus son air supérieur.

Madeleine revint vers moi et me dit : « Lacan t'a parlé longuement... Que t'a-t-il dit ?

– Des bêtises ! »

À son air, je vis qu'elle croyait que je plaisantais ; je ne la détrompai pas. Très vite, je pris congé.

À quelque temps de là, Madeleine me fit part de l'invitation à déjeuner à la campagne de Jacques Lacan ; il désirait me revoir. « C'est un vieux con, je n'ai aucune envie d'aller chez lui ! » Elle insista tant et si bien que je cédai. Durant le trajet, je lui demandai : « Mais qu'est-ce que tu lui trouves ?

– C'est une intelligence magnifique. Tu n'as pas lu la merveilleuse interview qu'il m'a donnée pour *L'Express* ?

– Non, mais j'ai essayé de lire ses *Écrits* que j'ai vendus par centaines à la librairie du Drugstore ; cela m'est tombé des mains.

– Tu n'as pas compris. » Que répondre ? En effet, je n'avais rien compris. Est-ce que tous ceux et toutes celles qui achetaient son livre comprenaient ce qu'ils lisaient ? J'en doutais.

Nous arrivâmes dans un patelin sans charme, Guitrancourt. Madeleine s'arrêta devant une maison : « La Prévôté », me dit-elle. Nous descendîmes, elle sonna, on nous ouvrit et nous fûmes reçues par le maître qui nous accueillit avec un large sourire. Il tint à nous montrer « un chef-d'œuvre ». Avec une mine gourmande, il fit coulisser un panneau derrière lequel apparut le merveilleux tableau de Courbet, *L'Origine du monde*. Je regardai longuement cette œuvre scandaleuse dont la beauté et la force me subjuguèrent. « Vous ne dites rien ? » s'inquiéta notre hôte. Il est des moments où les mots sont de trop ; il aurait dû savoir cela. Il fit coulisser le panneau dans l'autre sens. « C'est Masson qui m'a peint ce cache, il l'a appelé *Paysage anthropomorphe.* »

Nous passâmes à table. Sa femme Sylvia nous rejoignit. Lacan parlait, parlait, l'air satisfait. Il revint sur son édition du *Con d'Irène*, sur les gravures de Masson... Ce qu'il pouvait m'agacer ! Pas un mot des ennuis que me valait ce livre... « Je n'aime pas la peinture de Masson », dis-je pour le provoquer. Je reçus un coup de pied sous la table ; en face de moi, Madeleine me fusillait du regard. « Vous avez tort, c'est un peintre très coté. » Les murs de la salle à manger s'ornaient de peintures qui ne me plaisaient pas. « Coté ou non, c'est un peintre que je n'aime pas. » Il me sembla que Sylvia avait du mal à garder son sérieux. Nouveau coup de pied de Madeleine, que je lui rendis méchamment. « Aïe ! » laissa-t-elle échapper. « Qu'avez-vous, chère amie ?

– Rien. » À la fin du repas, il fut décidé que nous prendrions le café près de la piscine. « Vous avez bien apporté vos maillots ?

– Oui », répondit Madeleine. Nous allâmes nous changer dans une chambre.

À l'abri d'un parasol, nous prenions notre café quand Lacan arriva en maillot de bain foncé, fumant un de ses horribles cigarillos tordus. Il s'avança vers nous, rentrant son ventre autant qu'il pouvait ; je faillis éclater de rire ! C'était ça, le grand maître de la psychanalyse ? Un vieux beau paradant devant de jeunes femmes ? Je me plongeai dans l'eau pour calmer mon fou rire. Au bout d'une heure, le maître nous quitta pour aller dans son bureau. Dès que nous fûmes seules, Madeleine laissa échapper sa colère devant « mon manque d'éducation, mon sans-gêne... Tu m'as fait honte ! ». Là, elle exagérait. Je ne voulais pas venir, c'est elle qui avait insisté. « Partons, j'en ai assez de cet endroit ! » Je n'ai pas souvenir que nous ayons pris congé.

4

Plus j'ai envie de faire la révolution, plus je veux faire l'amour.

Écrit sur un mur de la Sorbonne.

Avec mon amant, nous allâmes en Allemagne en passant par Amsterdam, voir Beate Uhse, spécialisée dans la diffusion de gadgets érotiques et de littérature pornographique qui rencontraient un grand succès. Je revois la dame dans son vaste et clair bureau, entourée de ses collaborateurs. Après quelques mots de bienvenue, elle nous proposa de visiter son entreprise où travaillaient 700 personnes qui emballaient godemichés, aphrodisiaques, lingerie sexy, fouets, menottes, manuels de sexologie avec photos à l'appui, revues ou albums.

« Vous pouvez vendre tout cela ? » demandai-je d'une petite voix.

On lui traduisit ma question.

« Bien sûr, répondit-elle, sans problème. Nous recevons dix mille lettres par jour et faisons un chiffre d'affaires de 3 milliards... »

Sans problème ! Je n'en revenais pas... Je feuilletai une revue que je reposai aussitôt : des femmes s'y accouplaient avec des chiens, des cochons... Les livres que je publiais avaient l'air, à côté, de bluettes tout juste bonnes à mettre sous les yeux de jeunes filles sortant du pensionnat. Nous déjeunâmes avec la dame et deux ou trois de ses collaborateurs. Mal à l'aise, j'accueillis la fin du repas avec soulagement. Bien des années après, j'appris le passé nazi de la dame et me félicitai que nos relations se fussent arrêtées là.

Au retour, nous passâmes une nuit à Londres. Durant tout ce voyage, fatiguée, silencieuse, je fis montre de mauvaise humeur.

« Cela ne peut pas durer, me dit mon amant. Je veux que tout soit parfait entre nous. »

Parfait ? Moi aussi, je le désirais. Mais comment lui dire que l'érotisme à l'allemande me répugnait, et que je ne voulais pas devenir une marchande de pornographie, telle Beate Uhse, que j'étais un éditeur de littérature érotique, pas un distributeur de cette quincaillerie pour impuissants ou maniaques. Je n'osais lui faire part de mon sentiment, car j'étais sûre qu'il se serait moqué de moi.

C'est alors que commença ce que la presse a appelé les « événements de Mai ».

Le 1er mai, la CGT et le Parti communiste défilèrent à travers toute la France, sans incidents. À Nanterre, se tenait le 2 mai une journée anti-impérialiste. Le vendredi 3, la police faisait évacuer, à la demande du recteur, Jean Roche, la Sorbonne qui avait été occupée durant mon voyage en Allemagne. Au Quartier latin, les premières grenades lacrymogènes furent lancées sur les étudiants par les forces de l'ordre ; on releva de nombreux blessés. On embarqua les « enragés » dans des paniers à salade sous les huées de jeunes manifestants ayant échappé à la rafle. « Nous ne saurons jamais comment les choses auraient tourné, écrivit Françoise Giroud dans *L'Express* du 13 mai, si le recteur de l'académie de Paris avait laissé la manifestation organisée le vendredi 3, dans la cour de la Sorbonne, se dérouler selon les traditions académiques, c'est-à-dire sans y mêler la police. » Le lundi 6, le gouvernement ordonna la fermeture de toutes les facultés, jetant ainsi dans la rue près de 50 000 étudiants. La police procéda à de nombreuses arrestations. Spontanément, des groupes de jeunes se formèrent, réclamant la libération de leurs camarades. Très vite, on ne trouva plus au Bazar de l'Hôtel de Ville ni à la Samaritaine de manches de pioches, de pelles ou de balais, excellents comme matraques pour se défendre contre les forces de l'ordre. Quelques barricades s'élevèrent dans le Quartier latin, ce qui provoqua l'affrontement avec les 20 000 policiers et CRS ; on releva 945 blessés dont 345 parmi les forces de l'ordre et 422 personnes furent arrêtées. Le premier journal contestataire, *Action*, où Wolinski allait donner quelques-uns de ses meilleurs dessins, voyait le jour. Le lendemain, 30 000 étudiants marchèrent dans Paris en chantant *L'Internationale*. Certains se rendirent à l'Arc de triomphe, autour de la tombe du Soldat inconnu, en brandissant des drapeaux rouges et noirs et y entonnèrent des chants révolutionnaires. Le surlendemain, nouvelle marche dans Paris. J'étais boulevard Saint-Michel et regardai ce défilé où je reconnus Christian Bourgois, des éditeurs, des écrivains, des comédiens. Je trouvais la présence de ces adultes inopportune : qu'est-ce que ces « vieux » avaient à faire parmi ce mouvement de jeunes ? Certains, m'apercevant, me firent signe de les rejoindre. Je préférai m'éloigner.

La province n'était pas épargnée par l'agitation. Strasbourg, Nantes, Toulouse ou Rennes s'embrasaient. À Lyon et à Dijon, des ouvriers se joignirent aux étudiants. À leur tour, les lycéens entrèrent en scène.

Après l'annonce par le président des États-Unis, Lyndon Johnson, de l'arrêt des bombardements sur la majeure partie du Viet-nam du Nord, des négociations s'ouvrirent à Paris le 10 mai, tandis qu'au Quartier latin, 60 barricades furent dressées dans la nuit du 10 au 11, certaines hautes de trois mètres. Toute la nuit, les CRS tentèrent de les faire évacuer. Accueillis par des pavés, des pierres et même des cocktails Molotov, les policiers se défendirent à coups de grenades lacrymogènes et de matraques. Des voitures furent brûlées, des arbres abattus à la tronçonneuse. Au matin, le boulevard Saint-Michel, la rue Gay-Lussac et les alentours du jardin du Luxembourg semblaient avoir subi un bombardement. Le préfet Maurice Grimaud déclara que « ces opérations étaient dirigées par des spécialistes de la guérilla », tandis que Cohn-Bendit remarquait : « Nous avons été surpris par l'incroyable imbécillité du pouvoir. Mais, une fois qu'il avait engagé l'épreuve de force, nous devions aller jusqu'au bout. » Le lendemain, malgré l'air empuanti par les gaz, les badauds furent nombreux à venir chercher des « souvenirs » de cette nuit d'émeute. J'errai dans le quartier, attristée devant les troncs d'arbres abattus : je n'aime pas que l'on coupe des arbres en pleine santé !

À la maison, maman était inquiète : dans les magasins, les produits de première nécessité commençaient à manquer. L'essence devenait rare. Pour me rendre au Quartier latin, je prenais mon break Austin dans lequel j'enfournais mon vélo pliant. Je garais mon véhicule dans des rues tranquilles. Un matin, ne trouvant pas de place, je le laissai devant l'Assemblée nationale, parmi d'autres voitures garées en épi face à la Seine, dépliai mon vélo et pédalai vers Saint-Germain-des-Prés. Le soir quand je revins, vers minuit, il n'y avait plus que mon Austin entourée de cars de CRS. Je ne me sentais pas très à l'aise devant ces policiers goguenards qui me regardaient essayer d'ouvrir la portière arrière. Devant ma maladresse, l'un d'eux me prit les clefs des mains, ouvrit la portière et poussa l'amabilité jusqu'à plier et ranger mon vélo dans l'automobile en disant : « Voilà, ma p'tite dame. On s'est bien amusée à faire la révolution ? » Je partis sans demander mon reste.

Le 13 mai, la grève générale était décrétée : 800 000 manifestants selon les syndicats, 171 000 d'après la Préfecture de police, défilèrent de la République à Denfert-Rochereau, scandant des slogans de toutes sortes, tantôt bonhommes, tantôt virulents : « Bon anniversaire, mon général ! », « Dix ans, ça suffit ! », « Pompidou à l'égout ! », « Gouvernement populaire ! », « De Gaulle assassin ! ». Dans le cortège se trouvaient François Mitterrand, Pierre Mendès France, Guy Mollet, Waldeck Rochet, noyés dans la foule. Les drapeaux rouges flottaient, les noirs anarchistes aussi. Nombreux étaient ceux qui marchaient le poing levé. Pendant une heure, je regardai passer ces milliers de gens réclamant la démission du gouvernement. J'avais envie de me joindre à eux, à la fois bouleversée et irritée devant ce déploiement de forces populaires qui me semblait voué à l'échec. Pourquoi tant de désenchantement ?

J'entrai à la Sorbonne qui venait d'être proclamée « commune libre », alors que Nanterre devenait « faculté autonome ». C'était la première fois que j'y mettais les pieds. Il me faut bien avouer que j'étais intimidée de me retrouver dans ce « Temple du Savoir ». Les étudiants étaient assis sur les marches du grand escalier, fumant, riant, s'interpellant. Comme à mon habitude, je me sentais déplacée... Dans les amphithéâtres bondés, des orateurs prenaient la parole. C'était beau, ridicule et sublime, ces jeunes qui essayaient de se faire entendre. Les vieux aussi : d'un balcon, Jean-Paul

Sartre s'égosillait. Edgar Morin regardait ce joyeux désordre d'un faux air assoupi, écrivant que « 1968 était une extase de l'Histoire, épanouie dans la joie et la spontanéité ». Dans un bureau, Jean Genet, entouré d'un troupeau de garçons et de filles suspendus à ses lèvres pourtant closes, mais sur lesquelles flottait par instants un vague sourire, guettant le moindre de ses regards, avait l'air d'un enfant perdu face à tous ces hommages. Devant la Sorbonne, Aragon parlementait avec des étudiants : « Je suis ici pour vous apporter mon soutien personnel, et vous amener le maximum d'alliés. – Va-t'en, vieille barbe ! » lui jetait un étudiant. « Toi aussi, tu seras une vieille barbe ! » rétorquait l'amoureux d'Elsa. Quelqu'un lui fit méchamment remarquer qu'il avait « du sang sur [ses] cheveux blancs » : c'était excessif, mais que peut un poète face à la multitude ?

Jacques Monod et François Jacob, tous deux prix Nobel, téléphonèrent à Alain Peyrefitte, ministre de l'Éducation nationale, qui ne leur parla que de la mission du gouvernement, de la loi et de l'ordre, sans un mot pour les étudiants qu'il avait précédemment traités d'« enragés ». Jacques Monod lança alors, au micro d'Europe n° 1, des appels au préfet de police, Maurice Grimaud, lui demandant de donner l'ordre aux forces de police de laisser évacuer les nombreux blessés réfugiés dans les jardins de l'institut Raymond-Poincaré, rue Pierre-Curie. Ces appels restèrent sans réponse...

À Nantes, 2 000 ouvriers de Sud-Aviation séquestraient leur directeur tandis que le général de Gaulle, en pays communiste, était accueilli avec des fleurs par les étudiants de Bucarest.

Le 15, le théâtre de l'Odéon était occupé par 2 500 étudiants ; le directeur, Jean-Louis Barrault, s'associait au mouvement.

Le 16, les usines Renault entraient en grève. À Flins flottait le drapeau rouge. La RATP et la SNCF se mettaient en grève à leur tour.

Le 17, je pris l'avion pour Biarritz où se tenait le Congrès des libraires. Il faisait beau, la mer était agitée. À côté des prises de parole en Sorbonne, celles des libraires semblaient bien ternes et conventionnelles. Comme il n'y avait plus ni train ni avion pour regagner Paris, je louai la dernière voiture d'une agence de location et remontai vers la capitale, emmenant deux congressistes coincés à Biarritz. Notre retour fut fort gai.

Le 18, deux millions de grévistes paralysaient le pays. Le général de Gaulle avançait son retour de vingt-quatre heures et déclarait le lendemain : « La réforme, oui ; la chienlit, non. » On imagine aisément que ce contre-slogan ne calma pas les manifestants mais durcit la grève. Le franc s'effondrait, les capitaux filaient vers la Suisse. Paris croulait sous les ordures, le courrier n'était plus distribué, les transports en commun étaient paralysés, les pompes à essence étaient à sec, des piquets de grève se tenaient devant les établissements scolaires pour empêcher les professeurs non grévistes d'assurer leurs cours. Daniel Cohn-Bendit, parti porter la révolution en Allemagne, était interdit de séjour en France. Dans les rues, les étudiants défilèrent en reprenant le cri : « Nous sommes tous des Juifs allemands ! » Parmi eux, des « blousons noirs ». Des étudiants s'étonnèrent de leur présence. « Pourquoi êtes-vous venus ? demanda l'un d'eux.

– Vous, les flics, ils vous embêtent de temps en temps. Nous, c'est tout le temps.

On ne peut rien faire sans les avoir aussitôt sur le dos. Et on ne peut pas se défendre parce qu'on est seuls. Aujourd'hui on est nombreux, on pourra leur tenir tête », répondirent-ils. Les « blousons noirs », dans leurs Perfecto de cuir, ne devaient pas être les derniers à lancer pavés et dresser barricades, bientôt secondés par ces éléments troubles qu'on appela les « Katangais ».

Le 20, le personnel de l'ORTF, en grève depuis plusieurs jours, réclamait une « télévision objective ». Écrivains, éditeurs, journalistes et étudiants défilèrent autour de la Maison de la Radio. Les Éditions Jean-Jacques Pauvert se distinguaient par une large banderole à l'élégante calligraphie derrière laquelle trottaient le personnel de la maison et son patron : ridicule ! J'imaginais ces contestataires poursuivis par des CRS casqués, matraque au poing, en bas et porte-jarretelles. Je souris à cette croustillante évocation… Depuis que j'avais vu, à l'angle de la rue Saint-André-des-Arts et de la rue Danton, un CRS tirant l'aiguille tandis que d'autres jouaient aux cartes dans un car, entre deux assauts, cela ne me paraissait plus vraiment surprenant…

Le siège de la Société des gens de lettres, l'hôtel de Massa, était à son tour occupé. Des écrivains renommés rejoignirent le mouvement et fondèrent l'Union des écrivains : Jean-Paul Sartre, Simone de Beauvoir, Michel Leiris, Maurice Nadeau, Nathalie Sarraute, André Frénaud, Claude Roy, André Pieyre de Mandiargues, Michel Butor pour les plus anciens, et, parmi les plus jeunes, Jérôme Peignot, Bernard Pingaud, Yves Buin, Jean-Pierre Faye, Maurice Roche, Jacques Roubaud et quelques autres qui lancèrent un manifeste élaboré, non sans mal, le but de l'Union étant « de se définir elle-même en définissant l'écrivain [...]. Elle entend contribuer à l'édification d'une société nouvelle de type socialiste, fondée sur la propriété collective des moyens de production et leur gestion démocratique, qui ne soit pas dominée par un appareil ni orientée vers la seule consommation ». On le voit, rien de bien innovant ni de très excitant : des mots, rien que des mots d'un conformisme affligeant ! Les fantômes de George Sand, de Balzac ou d'Alexandre Dumas, qui avaient tant œuvré pour que les écrivains bénéficient d'un statut de travailleur, devaient rire jaune à ouïr ces bavardages. L'Union des écrivains campa à l'hôtel de Massa, lieu à la fois symbolique et commode. Cette « occupation » dura jusqu'à l'été.

Je continuai, à l'aide d'une ronéo, à tirer des tracts pour différents mouvements, à la grande irritation de Gérard Bourgadier qui trouvait tout cela stupide de ma part. Et ça l'était !

5

Un homme qui s'adapte à la littérature n'a pas besoin de la littérature.

JEAN-FRANÇOIS REVEL

J'avais entendu parler de réunions sur la condition féminine dont certaines se tenaient à l'école des Beaux-Arts. Je décidai d'y aller voir. Dans la salle bondée, les femmes étaient en nombre, jeunes et moins jeunes. Je me faufilai à travers la foule excitée et bruyante, et réussis à trouver une place assise entre deux militantes féministes. Reconnue, je fus prise à partie par ma voisine de gauche qui me traita de « collabo ». N'étais-je pas complice de la turpitude des hommes et de leur mépris des femmes, avec mes publications érotiques ? Je ne comprenais pas : n'était-il pas interdit d'interdire ? Ma voisine interpellait ses compagnes, dressant mon portrait de « traître à la cause des femmes ». On me regardait sans aménité. On n'écoutait plus ce qui se disait sur la scène. Je n'étais pas de taille. Je me levai. Bousculée, j'eus du mal à me frayer un chemin. Je sentais la panique monter en moi : j'avais l'impression de me retrouver au milieu des harpies de ma ville natale qui m'insultèrent au moment du *Cahier volé*[1]. J'arrivai, tremblante, au bord des larmes, dans la vaste cour pavée des Beaux-Arts. De petits groupes refaisaient le monde devant des étals proposant les ouvrages de Marcuse, de Marx, du Che, le *Petit livre rouge* de Mao... Des filles distribuaient des tracts ; tous semblaient heureux de participer à la « Révolution ». Qu'avais-je à faire ici ? Je me sentais rejetée. Je connus là un grand moment de solitude. La nuit était douce, je marchai sans but le long des quais. Mes pas m'emmenèrent jus-

1. Cf. *Le Cahier volé*, Fayard, 1978 et Livre de poche, 1983.

qu'aux Invalides. L'esplanade était déserte, l'or du dôme brillait sous la lune. Je me souvins que j'avais laissé ma voiture rue Mazarine mais j'étais trop fatiguée pour revenir sur mes pas. J'aperçus un taxi auquel je fis signe. Il s'arrêta. Je montai et lui donnai mon adresse. « C'est pas prudent, par les temps qui courent, de marcher seule dans les rues à une heure pareille », me dit-il. Je ne répondis pas.

Quand je lui fis part de ma déconvenue, mon amant se moqua de moi : « Qu'est-ce que vous attendiez de la part de ces malbaisées ? » Sa réflexion ne me plut pas.

Plus tard, je fus médusée par les propos tenus par Françoise d'Eaubonne et Benoîte Groult, pour ne nommer qu'elles : « L'érotisme ne sert qu'à aliéner les femmes [...]. Les livres érotiques font l'apologie de la torture : voir *Histoire d'O...* » Le moins qu'on puisse dire, c'est qu'elles et moi, nous n'avions pas la même conception de l'érotisme. Et cela allait perdurer longtemps ; qu'on en juge : en 1970, dans les colonnes du *Nouvel Observateur*, Michel Cournot alla jusqu'à écrire, à propos d'un roman publié par Christian Bourgois : *F.B.*, de Xavière :

« Vive la torture ! Au nom de la liberté, on condamne les bourreaux d'Athènes, on encourage ceux de Paris. » Voilà pour l'intitulé de l'article. Poursuivons : « Voici un nouveau traité, un nouveau manuel, de viol et de torture. Les livres de cet ordre sont devenus monnaie courante [...]. À Paris, on brûle les femmes au fer rouge, on les fait violer par des chiens, on les fait courir nues dans les bois en leur tirant dessus avec des fusils de chasse, et autres épreuves par lesquelles serait passée Xavière, l'auteur de *F.B.*... C'est d'ailleurs pourquoi *La Question* d'Henri Alleg figure dans les sex-shops à côté de *L'Image*, roman de torture publié, comme *La Question*, aux éditions de *Minuit* [...]. Il n'y a donc pas de commune mesure, quoi qu'on dise, entre ces imprimés nouveaux et les œuvres, disons de Sade, de Miller, de Georges Bataille, qui trônent pourtant dans les sex-shops comme autant de garants, de parrains. La franchise, la "possession" même de Sade sautent aux yeux : il se libère, il se déchaîne, il court aussi vite qu'il peut vers une explication, une clef dont il est évident qu'il attend beaucoup pour la délivrance d'autrui, et les pages érotiques sont plutôt, chez Sade, des défilés rocheux par lesquels il ne peut pas ne pas passer pour atteindre un territoire que personne n'a découvert encore : l'écriture, d'ailleurs, n'est pas, en un sens, dominée, on entend distinctement l'énervement vrai, le souffle précipité d'un homme qui n'en peut plus. Miller, lui, c'est la générosité, la gaieté, l'envie de casser la baraque, de briser les chaînes. Et, chez Bataille, il y a une intervention ininterrompue qui prendrait plutôt l'érotisme comme une ligne de crête, ou un fil de fer sur lesquels on expérimente, à livre ouvert, des ruptures d'équilibre entre la vérité et le mensonge, la liberté et l'oppression. Chez ces écrivains, l'imagination et l'écriture se donnent libre cours. Dans les nouveautés des sex-shops, il ne s'agit pas de briser des chaînes, mais d'en mettre, d'en rajouter, et cela, c'est bien naturel, d'un ton pincé ou honteux. »

Relisant, en 2008, ces lignes, qui ne sont rien d'autre qu'un appel à la censure, je frémis encore devant tant d'incompréhension et de mauvaise foi. Mêler le livre admirable de Henri Alleg, dénonçant la torture durant la guerre d'Algérie, à des romans érotiques, il y a là un abîme que je ne veux pas franchir. Mais faire l'apologie de Sade et de Bataille comme défenseurs de la liberté, c'est avoir mal lu ces deux auteurs ! Il suffit de parcourir les *120 journées de Sodome* et surtout *La Philosophie dans le boudoir*, pour se rendre compte qu'ils prônent la torture dans les ébats amoureux, voire l'assassinat, le tout visant à saper la société par la débauche, criminelle de préférence. Voici ce que Jules Janin en écrivait, en 1834, dans *La Revue de Paris* : « Ce ne sont que cadavres sanglants, enfants arrachés aux bras de leurs mères, jeunes femmes qu'on égorge à la fin d'une orgie, coupes remplies de sang et de vin, tortures inouïes. On allume des chaudières, on dépouille des hommes de leur peau fumante, on crie, on jure, on blasphème, on s'arrache le cœur de la poitrine, et cela à chaque page, à chaque ligne, toujours... Quand l'auteur est à bout de crimes, quand il n'en peut plus d'incestes et de monstruosités, quand il est là, haletant, sur les cadavres qu'il a poignardés et violés, quand il n'y a pas une église qu'il n'ait souillée, pas un enfant qu'il n'ait immolé à sa rage, pas une pensée morale sur laquelle il n'ait jeté les immondices de sa pensée et de sa parole, cet homme s'arrête enfin, il se regarde, il se sourit à lui-même, il ne se fait pas peur. Au contraire... »

On peut d'ailleurs s'étonner que les acteurs des événements de Mai n'aient pas davantage innové dans ce délire verbal, cette violence détruisant tout sur son passage et pour sa seule jouissance. Mais « Jouissez sans entraves » n'était-il pas un des slogans qui fleurissaient sur les murs de la Sorbonne en ce joli mois de mai ? Bien sûr, il y eut aussi : « CRS = SS », mais quoi, c'était pour la rime !

L'odeur de vieux papiers a envahi mon bureau. J'extrais de la pile des publications de ce printemps historique et des mois qui ont suivi un exemplaire du *Torchon brûle,* brûlot féministe dans lequel je lis les paroles d'une « chanson engagée » : « Nous qui sommes sans passé, les femmes, nous qui n'avons pas d'histoire, depuis la nuit des temps, les femmes, nous sommes le continent noir. Levons-nous, femmes esclaves et brisons nos entraves ! Debout ! Debout ! Asservies, humiliées, les femmes, achetées, vendues, violées dans toutes les maisons, les femmes hors du monde reléguées. Levons-nous, femmes esclaves ! [...] Le temps de la colère, les femmes, notre temps est arrivé ; connaissons notre force, les femmes, découvrons-nous des milliers ! Levons-nous, femmes esclaves... » Une autre chanson ? « Approchez, gens de la ville, écoutez un conte de fées : il était une fois une fille pleine de bonne volonté ; elle arriva dans la vie sans savoir ce qui l'attendait ! Une femme, c'est fait pour souffrir ! Le premier homme qu'elle rencontre lui demande sa vertu ; elle lui donne. Tu n'as pas honte ! lui dit-il quand il l'eut eue ; et comme elle était enceinte, à la porte il l'a fichue. Une femme, c'est fait pour souffrir ! »

On croirait des complaintes chantées par Damia ou Fréhel au début du XXe siècle.

La librairie marchait assez bien, l'édition aussi. Je venais de publier *Les Onze Mille Verges* de Guillaume Apollinaire lesquelles, à ma grande surprise, n'avaient pas fait l'objet de la moindre interdiction. Ce qui ne fut pas le cas pour *Les Exploits d'un jeune don Juan*, du même auteur, publié deux ans plus tard. Dans un papier s'indignant de l'interdiction de *Éden, Éden, Éden*, de Pierre Guyotat, paru aux éditions Gallimard, Jérôme Lindon eut la maladresse de s'en étonner « alors que *Les Exploits d'un jeune don Juan* et *Les Onze Mille Verges* ne sont pas interdits ». Las ! Quarante-huit heures après la parution de cet article, *Les Exploits d'un jeune don Juan* l'étaient à leur tour. Et *Les Onze Mille Verges* ? Le livre, étant publié depuis plus d'un an, ne pouvait plus être atteint par les foudres de la censure...

Les murs de la Sorbonne s'ornaient de photos d'Ernesto Guevara, de Fidel Castro, de Mao Tsé-toung ou de Trotski. Dans la cour, on vendait le *Petit livre rouge* et des chants révolutionnaires. On pouvait lire, au détour d'un couloir de la vénérable université, cette phase du Che : « Il faut s'endurcir, mais ne jamais se départir de sa tendresse » ; aux côtés de cette affirmation calligraphiée à la peinture rouge, cette autre : « La culture, c'est comme la confiture... moins on en a, plus on l'étale ! » Sur le socle de la statue de Victor Hugo, c'était un cri : « Libérez l'expression ! »

Je trouvais cela plutôt cocasse, alors même que la liberté de publication m'était déniée !

Jean-Jacques Pauvert sortit *L'Enragé.* « Ce journal est un pavé, avertissait le "comité d'action" ; il peut servir de mèche pour cocktail Molotov, de cache-matraque, de mouchoir anti-gaz. Nous ne sommes ni étudiants, ni ouvriers, ni paysans, mais nous tenons à apporter notre pavé à toutes les barricades. » Siné, Wolinski, Cabu, Topor, Reiser, Willem et d'autres collaboraient à ce journal que je diffusais dans la rue avec mon fils de 12 ans, Franck. « Demandez *L'Enragé,* le journal de la révolution ! » criions-nous du boulevard Saint-Germain à la place Clichy, de la Bastille à la rue Pigalle. Si *L'Enragé* se vendait bien au Quartier latin, il n'en était pas de même devant le Moulin-Rouge ou à Montmartre, où l'on nous traitait de « petits cons », d'« anarchistes » et j'en passe.

6

Je passais au bord de la Seine
Un livre ancien sous le bras
Le fleuve est pareil à ma peine
Il s'écoule et ne tarit pas
Quand donc finira la semaine ?

GUILLAUME APOLLINAIRE

Comment me suis-je retrouvée à Censier, au comité d'action Écrivains-Étudiants, en compagnie de Marguerite Duras, de Maurice Blanchot, de Claude Roy, de Dionys Mascolo, de Robert Antelme, de Michel Dansel et d'autres dont j'ai oublié les noms ? Les réunions avaient lieu tous les après-midi et, tous les après-midi, le comité d'action

« Nous sommes en marche » remettait en cause la société et les institutions, lançait manifeste sur manifeste avec le plus grand sérieux. Comme devant les manifestations de rue, je me sentais étrangère et guère concernée par ce qu'assenaient, d'un ton péremptoire et définitif, Marguerite Duras ou Dionys Mascolo. Leurs discours étaient à la fois pleins de bons sentiments et empreints de condescendance. Un après-midi que j'étais assisse près de Claude Roy, je lui chuchotai la fin d'un de ses propres poèmes :

Les bons sentiments
ont l'inconvénient
d'amener souvent
de graves ennuis
aux petits enfants
comme-z-aux souris[1].

Le poète eut du mal à ne pas éclater de rire ; de ce jour, nous devînmes amis.

Au milieu de ces intellectuels réputés, je me sentais bien peu de chose. Jamais je ne

1. « Le petit chat blanc », in *Enfantasques*, Gallimard, 1974.

pris la parole mais j'écoutais de toutes mes oreilles, m'étonnant d'entendre débiter autant de lieux communs et, pour tout dire, de bêtises. Comment ces gens dont on vantait les écrits, l'intelligence, l'engagement, si reconnus par leurs pairs, par la critique, pouvaient-ils se montrer à ce point ordinaires ? Le comble me sembla atteint le jour où le comité lança « aux hommes et aux femmes de ce jour » un appel ainsi formulé : « 1) La révolution bourgeoise fut juridique et, négligeant l'économie, se guinda dans le puritanisme. 2) La révolution prolétarienne fut juridique et économique, et, négligeant le corps, se noya dans le romantisme. 3) Notre révolution doit être juridique, économique et sexuelle, faute de quoi elle se châtrera sur l'échafaud obsessionnel de la violence et de l'érotisme sadique. »

J'étais atterrée. Claude Roy me lança un clin d'œil, l'air de dire : « Attendez la suite ! »

Les articles succédaient aux articles. Article 12 : « Hommes et femmes de ce jour, nous aurions tort de condamner la fête sexuelle ou de nous y livrer pieds et poings liés. La sexualité existe. Il faut donc la réinventer. Et, pour cela, il nous faut dire ce que nous voulons. La sexualité sera ce que nous voudrons qu'elle soit. Condamnons une société où les tabous sont prétendument morts, mais où il est interdit d'en parler. Ne nous laissons pas réduire au silence ! » Article 16 : « Ne cédons pas au "féminisme". Les femmes ont été flouées. On leur a donné la révolte et des mots. On ne leur a pas donné les moyens de faire la révolution, ni des phrases complètes, c'est-à-dire le savoir nécessaire pour prendre leurs distances avec leur condition. »

Je bouillais ! Quel mépris sous-tendaient ces mots, quelle méconnaissance des femmes, de leur intelligence, de leur capacité à s'exprimer !

« Parlez ! » me souffla Claude Roy. Je n'osai pas, intimidée par ces beaux esprits si sûrs de ce qu'ils disaient.

Je pourrais continuer de retranscrire jusqu'à l'article 30. Mais j'avais dressé l'oreille en entendant l'énoncé de l'article 28 : « Le romantisme est mort avec le drapeau rouge. L'érotisme est mort avec le drapeau noir. Notre choix idéologique est clair. Les gauloiseries et les crachats sont nécessaires un temps, mais jamais suffisants. La provocation ne saura tenir lieu de pensée sexologique, ni la vulgarité de libération de nos corps toujours enchaînés. Dans l'état actuel où s'épanouissent nos désirs, ils ne sauraient en effet présenter d'autre aspect que celui des poubelles, détritus et autres individus qui fleurissent nos rues meurtries. » Cette prose délirante était signée : « *Nous sommes en marche.* »

Le lendemain, le même comité se réunit pour parler sexualité, procréation, couple, famille.

Thèse numéro 1 : « Le mouvement féministe, parti d'une authentique contestation de la société patriarcale, a finalement contribué à l'achèvement de l'aliénation féminine. Fascinées par une image idéalisée de la virilité, de ses apanages, avantages, privilèges, les femmes ont tout simplement cumulé les charges traditionnelles de leurs fonctions aliénées et les responsabilités tout aussi aliénantes du fonctionnariat masculin. »

Thèse numéro 2 : « En limitant à des revendications juridiques et économiques, en décalquant une absurde et impossible guerre des sexes sur une lutte des classes authentique et historique, le féminisme a manqué la révolution, trompé ses adeptes et créé une confusion de langage plus aliénante encore que le langage univoque des seigneurs et maîtres de la féodalité. »

Thèse numéro 3 : « Bien loin de s'attaquer aux stéréotypes sexuels-culturels qui aliènent les couples et les familles, le féminisme les a cumulés à plaisir, le tout pêle-mêle et sans souci de leurs contradictions. Toujours à la traîne de la dernière mode, aussi bien dans l'apparence vestimentaire que dans la pensée politique, le féminisme a fait des femmes les complices, volontaires ou non, des crimes de la société de consommation-oppression contre le Tiers-Monde, l'Enfance, les Inadaptés et les Vieux. »

Pavé numéro 12 : « La maternité est un leurre. La plupart des femmes font des enfants comme les hommes vont au bordel : par désœuvrement, parce qu'elles ne savent que faire de cette peau qu'elles ne parviennent pas à donner. »

Pavé numéro 13 : « La paternité est une mascarade. La plupart des hommes se laissent faire des enfants comme une femme se laisse violer : par lâcheté, parce qu'elles n'osent pas, en s'y refusant, remettre en jeu et en question leur précaire supériorité qui n'a rien d'autre à offrir à leur partenaire. »

Postulat 23 : « Il n'y a pas de famille. La famille est irréelle et ne subsiste que par la fascination qu'elle exerce sur les esprits aliénés. »

Variation 29 : « Si la sexualité fait intervenir plus de deux corps, cela demande seulement un peu plus de savoir, de travail et de savoir-faire. »

Thèse numéro 30 : « Ce qui s'échange dans la sexualité n'est pas principalement le plaisir, mais le corps lui-même. » Signé : « *Nous sommes en marche* ».

Une autre fois encore, le comité approfondit sa pensée. Thèse numéro 3 : « L'érotisme est le luxe de la sexualité [là, j'étais d'accord], tout comme les loisirs sont celui du travail. Il est présenté pour susciter de nouveaux besoins sexuels. » Thèse numéro 5 : « Les interdits sexuels créent une culpabilité chez les inadaptés, ce qui est une forme d'oppression. » Thèse numéro 6 : « La prostitution est l'institutionnalisation d'un sous-prolétariat sexuel. » Thèse numéro 7 : « La sexualité est une activité nécessaire et libre. » Thèse numéro 8 : « Le couple est l'union spontanée de deux autonomies pour cinq minutes ou plus. »

Le comité décida ensuite de faire son « autocritique », et voici ce que cela donna : « Étudiants, travailleurs, méfions-nous des "sirènes" du sexe et du langage. Le sexe est à la mode comme l'économie le fut. Aussi veut-on faire du sexe le centre du monde, comme l'économie le fut. Si nous refusons et l'économie et le sexe, méfions-nous de l'affectif, des sentiments de l'humain préfabriqué. Si nous oublions l'économique et le culturel dans le sexe, nous avons oublié le "racisme économique" de nos couples, la mesquinerie intellectuelle de nos accouplements. Si nous oublions l'affectif dans le sexe, nous avons tout oublié, nous ne sommes plus que des petits besogneux de la masturbation. Étudiants, travailleurs, tout cela est politique ! »

Vous ne rêvez pas, ami lecteur, ces propos ont bel et bien été tenus par des intellectuels et publiés sous forme de plaquettes ronéotypées dont il me reste quelques exemplaires. On comprendra à quel point je me sentais étrangère à tout cela, pour ne pas dire exclue.

Mais le plus beau restait encore à venir. Un après-midi, j'arrivai en retard ; autour de la longue table, mes « camarades » arboraient des mines sérieuses, pour ne pas dire soucieuses. Un camarade « ératépiste » faisait un exposé sur l'état de la grève à la RATP. Ses propos était clairs ; tous hochaient la tête, concentrés sur ce qu'ils entendaient. Le gréviste conclut en disant : « Camarades écrivains, je vous laisse rédiger votre proclamation de soutien. » Une fois sorti, ce ne fut qu'éloges sur la netteté du discours du « camarade ouvrier » et sur sa détermination. « Au travail ! » dit un des membres du comité. Pendant près d'une heure, chacun se pencha sur sa copie, interpellant de temps à autre son voisin. Pour ne pas attirer l'attention, je m'y essayai aussi. On entendait : « Que penses-tu de cette phrase, camarade ? Est-elle assez claire ? Assez compréhensible pour le peuple ? » Le camarade lisait et commentait : « Ce mot me semble un peu savant.

– Tu crois, camarade ? » On aurait entendu une mouche voler. Je faisais des dessins sur ma feuille. L'heure étant écoulée, le « camarade ératépiste » revint et demanda : « Camarades écrivains, avez-vous terminé ?

– Bientôt, camarade. » Il revint deux fois, trois fois ; la quatrième, il affichait un air agacé. Il prit la feuille qu'on lui tendait, la lut attentivement, lentement, leva la tête, la relut pour bien se pénétrer des mots que ces écrivains si sûrs d'eux y avaient couchés. Tous les regards convergeaient vers lui. Lui aussi les regardait, silencieux, décontenancé. Enfin il laissa tomber : « Ça ne va pas. » Les autres baissèrent la tête. « Tu as raison, camarade, nous allons revoir cette motion », dit l'un d'eux. L'homme sortit. Une autre heure passa. Le camarade « ératépiste » revint, arracha le papier des mains de Blanchot, le lut et s'en retourna en l'emportant. On n'osait plus s'entre-regarder. Dix minutes plus tard, il revint et tendit une feuille de papier à Marguerite Duras qui la lut à haute voix. Les mots étaient, autant que je m'en souvienne, simples et directs, efficaces. Après cette lecture, il y eut un instant de silence. Duras se leva et dit d'une voix vibrante : « Le peuple a parlé ! Écoutons-le ! »

Je retins un fou rire. Je sortis aussi discrètement que possible et, devant le Jardin des Plantes, donnai libre cours à mon hilarité qui fit se retourner les passants.

De ce jour, je ne fus plus aussi assidue aux réunions de comité d'action Écrivains-Étudiants.

Un après-midi, nous trouvâmes, punaisé à la porte de la salle où nous nous réunissions, ce poème :

« Je ne dirai que pour vous, camarade, je ne les laisserai pas poser la main sur mon crâne, je mordrai, j'arracherai, je lapiderai leurs masques hypocrites : NOUS, MILLIONS ! Ils prétendaient parler pour nous ? J'emmerde tous ces détritus, ces véhicules, réfrigérateurs machines froides, ces ciseaux aux lames plastifiées étouffe-cris. Mais le PEUPLE se lève, le PEUPLE sent, sait, le PEUPLE est las de ses épaules lasses, de ses épaules, de ses mains écailleuses, et tous les borgnes aujourd'hui cois, tous ceux qui quêtent le reflux, prêts à nous écraser. Ouvriers, étudiants... solidaires ! ! ! ouvriers, étudiants... solidaires ! ! ! ouvriers, étudiants... solidaires ! ! ! »

Marguerite Duras en restait sans voix : le peuple avait parlé, cela méritait silence et respect. Maurice Blanchot et Claude Roy échangeaient des regards circonspects. On entra dans la salle, conscients de l'importance de ce qu'on venait de lire.

Le vendredi 24, le général de Gaulle annonça un référendum. Après l'allocution du chef de l'État, une foule se porta à la gare de Lyon ; j'en étais. Mais la cohue était telle que je sentais la peur me gagner. Sur les marches, devant la gare, je reconnus François Maspero que j'avais rencontré à deux ou trois reprises, et lui demandai si je pouvais rester à ses côtés. Il eut un œil étonné, puis accepta malgré l'agacement visible de ceux qui l'accompagnaient. Que venait faire une pornographe dans la Révolution ? devaient-ils penser. Pas plus qu'eux, je n'avais la réponse. On a les révolutions qu'on peut. Ce n'est pas tous les jours qu'un jeune homme, tel Fabrice dans *La Chartreuse de Parme*, se voit offrir l'occasion d'arpenter le champ de bataille de Waterloo... Pour l'heure, ce n'était que l'esplanade de la gare de Lyon. Le cortège se mit en marche vers la Bastille et la République. Là, les CRS chargèrent les manifestants. « CRS = SS ! » hurlait la foule. François Maspero m'entraîna à l'écart des grenades lacrymogènes et de la bousculade. À part quelques poubelles et une voiture incendiées, tout était calme. La nuit était douce, éclairée de-ci de-là par des feux brasillant allégrement. Loin des émeutes, la ville était à nous. Une pluie fine se mit à tomber. Je lui proposai d'aller prendre un verre chez Castel : il accepta. Nous nous quittâmes à l'aube.

Le samedi 25, le Premier ministre, Georges Pompidou, réunissait rue de Grenelle les patrons et les représentants des syndicats. Sur toutes les radios, on pouvait entendre : « La grande négociation s'engage. » Commencées dans le calme et une relative bonne humeur, les discussions, au fil des heures, devinrent plus tendues. « L'ordre du jour n'étant pas limité », avait précisé Georges Pompidou, chacune des parties exposa son point de vue ; les discussions s'engagèrent sur le SMIG, sur la reprise du travail par les 10 millions de grévistes. Le lundi matin, ils parvinrent à un « accord presque parfait ». Mais les ouvriers des usines Renault et Peugeot décidèrent de continuer la grève. Pierre Viansson-Ponté, du *Monde*, remarquait dans son éditorial : « Si la conclusion des négociations entre le gouvernement, le patronat et les syndicats ouvriers ne réussit pas à résoudre le conflit social et n'est pas admise par la "base", alors la France risque de passer, dans un climat de violence et de trouble, d'une grave crise nationale à une situation révolutionnaire. »

Une pluie fine et tiède tombait sans discontinuer.

Chaque semaine, la lecture et les dessins du *Canard enchaîné* me mettaient en joie, comme au temps de mes dix ans où je le chipais à mon père.

Cependant, la vie quotidienne devenait de jour en jour plus difficile et maman avait du mal à trouver de quoi nous nourrir convenablement. Son école étant fermée, Franck traînait dans les rues, ce qui m'inquiétait. Les affaires n'étaient pas bonnes du fait de la grève. Heureusement, mon amant était là, tendre et attentif. Un soir, chez Castel, nous rencontrâmes le patron de la Mondaine, le commissaire Ottavioli, qui se souvenait parfaitement de notre entretien et se montra particulièrement aimable ; il tint à nous offrir un verre et nous bavardâmes à propos des « événements »…

7

Je traverse la ville
dont je n'attends plus rien.

Michel Houellebecq

Le Festival de Cannes renonçait à attribuer sa Palme d'or. On pouvait lire sur les façades et les trottoirs de la Croisette : « Sous la plage, les pavés ! », inversion du fameux slogan : « Sous les pavés, la plage ». Le 28, le ministre de l'Éducation nationale, Alain Peyrefitte, démissionnait, ce qui provoqua au Quartier latin une explosion de joie. En dépit de son interdiction de séjour, Daniel Cohn-Bendit rentrait clandestinement en

France, les cheveux teints. Le 29, coup de théâtre : le général de Gaulle disparut !

C'est ainsi que le mercredi matin, les ministres arrivés à l'Élysée trouvèrent portes closes : le Conseil était annulé sans qu'ils en eussent été avertis. Officiellement, le chef de l'État était parti pour Colombey. Pour quoi faire ? Personne n'en savait rien. On devait par la suite apprendre qu'il était allé avec toute sa famille rejoindre le général Massu, commandant des forces françaises en Allemagne, à Baden-Baden. À sa descente d'hélicoptère, Massu accueillit le chef de l'État en civil. « Tout est foutu, lui dit le Général, répondant à son salut. Les communistes ont provoqué la paralysie du pays. Je me retire. Je viens chercher refuge chez vous afin de déterminer que faire. » On imagine la consternation de Massu, ce fidèle d'entre les fidèles. Il entraîna l'homme du 18 Juin dans son bureau et, pendant une heure, lui remonta le moral : « Vous allez ternir votre image, vous en avez vu d'autres, depuis 1940 ! Vous devez vous battre jusqu'au bout. » Ces paroles réconfortèrent de Gaulle : « Je repars. Appelez ma femme. Quant à mon fils, qu'il fasse ce qu'il doit faire. » Puis il monta dans l'Alouette 3 qui le ramena à Paris.

Aujourd'hui, on en est encore à se demander comment un homme tel que le général de Gaulle a pu céder à la panique au point de fuir son pays en crise. Fatigue physique ? Faiblesse de vieillard ? Incompréhension devant un monde en plein chambardement ? Un peu de tout cela, sans doute…

À Paris, dans les milieux gouvernementaux, régnait la plus grande confusion. Alexandre Sanguinetti, Claude Labbé, Pierre Krieg vinrent trouver le Premier ministre : « La crise dure depuis près d'un mois et les gaullistes ne se sont pas encore manifestés. La rue, ils l'ont abandonnée aux enragés et aux communistes. Il est temps de réagir. Organisons un rassemblement gaulliste pour demain, place de la Concorde ! » Pompidou, qui avait plusieurs fois déconseillé ce type de rassemblement, se rangea à leur avis : il n'y avait plus grand-chose à perdre ! En quelques heures s'organisa cette manifestation à laquelle personne ne croyait.

Le 30, le chef de l'État, rentré à Paris, recevait Georges Pompidou qui lui présenta sa démission ; le président la refusa. Les radios furent convoquées pour enregistrer le discours du Général. À 16 heures, en présence du ministre de l'Information, Georges Gorse, il prononçait son allocution. La France entière avait l'oreille collée aux transistors : tout s'arrêta dans le pays quand la voix connue s'éleva, nette et autoritaire :

« Françaises, Français, étant détenteur de la légitimité nationale et républicaine, j'ai envisagé depuis vingt-quatre heures toutes les éventualités sans exception qui me permettraient de la maintenir. J'ai pris mes résolutions. Dans les circonstances présentes, je ne me retirerai pas. J'ai un mandat du peuple. Je le remplirai. Je ne changerai pas le Premier ministre dont la valeur, la solidité, la capacité méritent l'hommage de tous. Il me présentera les changements qui lui paraîtront utiles dans la composition du gouvernement. Je dissous aujourd'hui l'Assemblée nationale. J'ai proposé au pays un référendum qui donnait aux citoyens l'occasion de prescrire une réforme profonde de notre économie et de notre Université, et en même temps de dire s'ils me gardaient leur confiance ou non, par la seule voix acceptable, celle de la démocratie.

« Je constate que la situation actuelle empêche matériellement qu'il y soit procédé. C'est pourquoi j'en diffère la date. Quant aux élections législatives, elles auront lieu dans les délais prévus par la Constitution, à moins qu'on entende bâillonner le peuple français tout entier en l'empêchant de s'exprimer en même temps qu'on l'empêche de vivre, par les mêmes moyens qu'on empêche les étudiants d'étudier, les enseignants d'enseigner, les travailleurs de travailler. Ces moyens, ce sont l'intimidation, l'intoxication et la tyrannie exercées par des groupes organisés de longue main en conséquence et par un parti qui est une entreprise totalitaire, même s'il a déjà des rivaux à cet égard.

« Si donc cette situation de force se maintient, je devrai, pour maintenir la République, prendre, conformément à la Constitution, d'autres voies que le scrutin immédiat du pays. [...] La France, en effet, est menacée de dictature. On veut la contraindre à se résigner à un pouvoir qui s'imposerait dans le désespoir national, lequel serait alors essentiellement celui du vainqueur, c'est-à-dire celui du communisme totalitaire.

« Naturellement, on colorerait pour commencer cette apparence trompeuse en utilisant l'ambition et la haine de politiciens au rancart. Après quoi, ces personnages ne pèseraient pas plus que leur poids, qui ne serait pas lourd. Eh bien non, la République n'abdiquera pas, le peuple se ressaisira ! Le progrès, l'indépendance et la paix l'emporteront avec la liberté. Vive la République ! Vive la France ! »

Durant quelques instants, les auditeurs retinrent leur souffle. Dans les usines occupées, un militant déclara : « Il politise une grève qui n'avait rien de politique ! » Un autre : « C'est une provocation ! Un appel à la guerre civile ! »

Chez Renault un vieux communiste constata, désabusé : « Les attaques contre le communisme, c'est vieux comme le monde ! » Un délégué ajouta : « On est à peine surpris. Comme tout le monde, on a espéré un moment qu'il s'en irait, mais on ne le croyait pas vraiment, ç'aurait été trop beau ! » Chez les étudiants, pas de surprise mais de la rancœur : « Il n'a rien compris à ce qui se passe chez nous ! Ah, il veut la guerre civile ? Eh bien, il l'aura ! »

Dans les couloirs de l'Assemblée, les députés gaullistes, stimulés par ce discours, écharpe tricolore en bandoulière, allèrent à la Concorde prendre la tête de la manifestation. En moins d'une demi-heure, des dizaines de milliers de manifestants affluèrent des quatre coins de la capitale : jeunes, vieux, anciens combattants, employés, commerçants, fonctionnaires, des ouvriers aussi, certains en costume du dimanche, avec femme et enfants, ceux des beaux quartiers et de la banlieue, tous avaient entendu l'appel du général de Gaulle et répondaient : « Présent ! » Vers 18 heures, le cortège s'ébranla. À sa tête, on reconnaissait Michel Debré, André Malraux, François Missoffe, Edmond Michelet, Jacques Chaban-Delmas, Alexandre Sanguinetti, Alain Peyrefitte, François Mauriac... Les drapeaux tricolores, certains marqués de la croix de Lorraine, flottaient au-dessus de la foule. Des mains se levaient, formant le V de la victoire.

Un million de personnes, selon les organisateurs, manifestèrent ainsi leur soutien au général de Gaulle en défilant sur les Champs-Élysées, drapeaux brandis. Dans la foule, des manifestants criaient : « De Gaulle n'est pas seul ! », « Le communisme ne passera pas ! », « Mitterrand c'est raté ! », « La France aux Français ! », « Liberté du travail ! ». Le temps passant, les slogans se firent plus virulents : « Vidangez la Sorbonne ! », « Mitterrand au poteau ! », « Le rouquin à Pékin ! », « Cohn-Bendit en Allemagne ! ». D'autres, d'une voix virile, selon *Le Figaro*, scandaient « Cohn-Bendit à Dachau ! ».

Sous l'Arc de triomphe fut entonnée une *Marseillaise* dont il nous reste quelques photos montrant André Malraux, mèche au vent, et Michel Debré, agrippés l'un à l'autre, tels deux quidams pris de boisson !

Efficace, le service d'ordre canalisait la foule. Puis vint le moment de la dispersion. De petits groupes firent le siège, rue François-1er, d'Europe n°1, et, rue Bayard, de RTL, radios soupçonnées d'apporter leur soutien aux « enragés ». Des drapeaux tricolores furent accrochés aux façades. D'autres groupes se répandirent dans Paris. Les automobilistes sillonnèrent les rues à grands coups de klaxon. Vers 1 heure du matin, des voitures foncèrent vers le Quartier latin, mais les barrages de police leur firent rebrousser chemin. Boulevard Saint-Germain, un groupe de manifestants particulièrement hargneux se trouva face à des étudiants qui les attendaient, calmes et silencieux. On s'affronta du regard. Le plus gros du détachement gaulliste fit demi-tour. Quelques-uns de ses membres restèrent et engagèrent avec les étudiants des discussions passionnées qui durèrent une partie de la nuit.

Comme par enchantement, le lendemain, début du week-end de la Pentecôte, l'essence était à nouveau disponible ! Le vendredi 31, Pompidou composait un gouvernement de transition. Le 1er juin, les Français partirent en week-end. Le 6, le travail reprenait dans la fonction publique et dans de nombreuses entreprises.

Le même jour, à Los Angeles, aux États-Unis, le sénateur Robert Kennedy était assassiné par un Jordanien, Sirhan Sirhan, natif de Jérusalem, immigré aux États-Unis depuis 1957 : Robert Kennedy venait d'annoncer sa candidature à la présidence.

Le 7, un lycéen, Gilles Tautin, poursuivi par les CRS, mourait noyé dans la Seine lors de violents accrochages à l'usine Renault de Flins.

Le 11, deux manifestants étaient tués par balle devant les usines Peugeot de Montbéliard.

Dans l'indifférence générale, de Gaulle amnistiait le général Salan, ancien chef de l'OAS, un des membres du « quarteron de généraux à la retraite » qui avait fomenté le putsch d'Alger, le 13 mai 1958. Il est vrai que la guerre d'Algérie semblait, dans le désordre ambiant, à des années-lumière.

8

Seule, parmi les nuits qui s'enténèbrent
L'heure est à prendre, où ces instants naîtront.

ÉMILE VERHAEREN

La presse s'en donnait à cœur joie : il n'y était plus question que de révolution. Le magazine *20 Ans* sortait un numéro spécial intitulé : « Notre révolution », où l'on voyait une jeune fille sur le dos d'un garçon, brandissant un drapeau rouge. Le mensuel donnait les mots clés destinés à comprendre cette « révolution » : Comité d'action, Cogestion, Contestation, Structure, Situationnisme, Groupuscule... On pouvait y lire aussi un long article sur la virginité – celle des filles, bien sûr.

Serge Gainsbourg répondait aux questions de Philippe Adler : « *Sexe* : Je ne sais pas (*rires*). Cela ne me dit rien du tout... Il y en a deux, je crois ! (*rires*). *Masochisme* : on ne peut pas être maso ou sado. On est les deux à la fois. Plus ou moins, selon les humeurs. *Chasseurs d'autographes* : Ils ne tuent pas grand-chose (*rires*). *Black Power* : Tant qu'il se trouvera un Blanc pour dire à un Noir : "Je veux bien de toi comme frère, mais pas comme beau-frère", le Black Power aura sa raison d'être. *Kama-Soutra* : Les délices entrevus, à peine entrevus. Un bouquin technique qu'il faudrait remettre à jour (*rires*). »

Le magazine féminin *Elle* faisait paraître, malgré la grève des imprimeurs, un mince numéro spécial à couverture orange et noir (devenu depuis « collector »). Cela commençait par un éditorial d'Hélène Gordon-Lazareff donnant la parole aux rédactrices de l'hebdomadaire : « Nos lectrices sont sûrement fatiguées de tous ces événements : elles vont partir en vacances, distrayons-les ! » « Quoi, disait une autre, vous allez leur parler de leur bronzage, de leurs jolies robes d'été, de leur petit régime amaigrissant, de la dernière chanson de je ne sais qui ? Alors que le volcan des événements gronde toujours, que de grands espoirs et de grandes craintes secouent encore des millions de personnes ? Mais vous prenez nos lectrices pour de petites folles ? Elles ne vous le pardonneront pas ! » « C'est vrai, s'écria une troisième, habituellement silencieuse, il faut parler à nos lectrices très sérieusement de choses importantes. Elles le méritent. Il faut leur montrer que, pour elles, leurs fils, leurs filles, leurs maris, rien ne sera plus comme avant. Que les médecins, les architectes, les professeurs, ce ne sera pas comme avant. Que leur manière de vivre, de travailler, de s'habiller, peut-être, sera différente. Partout ça bouillonne. Ce qui se passe est immense. Nous devons en parler ! »

Cela commençait par un reportage sur la crèche de la Sorbonne, aménagée dans six salles situées au troisième étage du bâtiment principal. Une soixantaine d'enfants de 3 mois à 8 ans y dormaient, y mangeaient, s'y amusaient, gardés par des volontaires, futurs médecins, infirmières, et subsistaient grâce à d'importants dons en vivres et en médicaments. Dans une interview, Marie-Madeleine Dienesch, secrétaire d'État à l'Éducation nationale, députée des Côtes-du-Nord, répondait aux questions de Marie-Françoise Leclère en affirmant : « Il faudrait plusieurs femmes au gouvernement. »

Dans un autre article, Henri Elwing avait suivi un père et sa fille de réunion en réunion. Entre Ariane et son père, le dialogue s'instaurait sans trop de mal. Faute de moyens de transport, Ariane rentrait chez elle, assisse sur le porte-bagages du vélo paternel.

Suivaient un article sur la mode et la présentation de quelques modèles, l'immuable « bon magique » et le tout aussi immuable horoscope de Francesco Waldner. Pour le Lion (c'est mon signe), il était recommandé de « consolider ce que vous avez récemment mis en chantier, mener à bien les projets de vaste portée que vous avez élaborés. Vous êtes sur la bonne voie, elle vous réserve succès et satisfaction. Freinez vos dépenses ! ». Facile à dire quand il fallait trouver de quoi payer le loyer et faire tourner la maison...

La place de la mode était congrue, dans ce numéro. Pour l'heure, je ne m'y intéressais guère, me satisfaisant de robes de plus en plus courtes. Je me souviens de l'une d'entre elles, en laine grise, que je portais avec une perruque frisée, grise elle aussi. Les regards me suivaient quand je traversais la place de Clichy en courant ; on devait s'étonner qu'une dame aux cheveux gris s'élançât ainsi en batifolant entre les voitures. J'aimais me déguiser, en ce temps-là : je portais indifféremment des perruques roses ou turquoise que je jugeais du plus bel effet. Plus tard, je vis la photo d'un combattant noir, portant une kalachnikov, coiffé d'une perruque rose comme la mienne : le résultat était effrayant. Je lisais dans le regard de maman son étonnement et sa réprobation devant ces accoutrements. Mais, comme toujours, elle ne disait rien.

Chère maman, tu devais être inquiète pour cette fille à laquelle tu ne comprenais goutte et dont la vie était pour toi un scandale. Heureusement, il y avait Camille, à laquelle tu vouais une véritable adoration, et les soucis quotidiens absorbaient par ailleurs toute ton énergie. Que serions-nous devenus sans toi, sans ta présence discrète et rassurante ? Je ne t'ai pas assez dit alors toute mon affection, ma gratitude.

À Paris, la vie reprenait doucement son cours. Je publiai *Les Jeux de l'orgueil*, de Claude Sadut, *Mémoires d'une chanteuse allemande*, le *Kama-Soutra*... La vente par correspondance marchait bien, la librairie aussi. J'emmenai la famille passer quelques jours de vacances à l'île d'Yeu ; l'eau était très froide, en ce mois de juillet. J'en profitai pour aller voir la dernière demeure du maréchal Pétain. Je rentrai à Paris après avoir laissé maman et les enfants à Montmorillon.

Cette année-là, j'appris la reliure, pour « sauver » de vieux livres trouvés chez les bouquinistes, avec une vieille demoiselle de la rue du Pont-de-Lodi, Mlle Hinstin, qui était un remarquable professeur et un excellent relieur. Très vite, je devins bon ouvrier : j'ambitionnai même de passer mon CAP. Cependant, j'étais trop pressée pour devenir un maître : la reliure réclame de la patience, beaucoup de patience, et cela, j'en étais dépourvue. Malgré tout, j'ai à mon actif d'assez beaux résultats. De loin en loin, je continue de pratiquer cet art. Je possède à la campagne tout le matériel nécessaire, lequel a longtemps été entreposé dans la chambre de bonne au-dessus de l'appartement, chambre où j'ai écrit les premiers volumes de *La Bicyclette bleue*. Souvent, quand l'inspiration me faisait défaut, je me mettais à débrocher un livre, à en massicoter les cahiers, à les coudre, à parer une peau... Ensuite je reprenais mon travail avec, me semble-t-il, plus d'allant.

Il m'arrivait aussi – surtout à la campagne – d'interrompre la rédaction de mon livre en cours pour me mettre à peindre des dragons ou des maisons sur des pierres ramassées le long des chemins. « Ce n'est pas du travail », me disait Pierre qui me fit alors un dessin qui me fait toujours rire et que je veille à garder non loin de moi, comme un rappel à l'ordre, quand je m'égare vers autre chose que mon labeur.

Plus tard, j'appris l'encadrement. J'avais cependant un rêve : imprimer, imprimer des livres à tirage limité. Pour cela, il m'aurait fallu une presse. J'en cherchai une pendant quelque temps, puis renonçai.

Le comité d'action Écrivains-Étudiants se réunissait « clandestinement » chez un de ses membres, près de la rue de la Roquette ; chacun se sentant l'âme d'un résistant, on y venait en rasant les murs qui, comme chacun sait, ont des yeux et des oreilles. Comme à Censier, on y discutait à perte de vue de l'avenir de la « Révolution » ; c'était aussi ridicule que pitoyable ; tout cela me rebutait.

Il y eut aussi des réunions du côté de la rue Mouffetard avec Louis Pauwels et quelques amateurs d'érotisme : je m'y ennuyais, les propos comme ceux qui les tenaient étant à mille lieues de l'érotisme tel que je le concevais : libre, dénué de tout sens du péché, joyeux, païen et non pas didactique. Je ne sais toujours pas ce que j'allais chercher dans ces réunions. Sommes-nous toujours des inconnus pour nous-mêmes ?

Je passai un mois d'août amoureux, jalonné d'escapades à Honfleur et Deauville en compagnie de l'homme que j'aimais. Quand il n'était pas là, je marchais la nuit dans les rues de Paris. Ces balades dans la Ville-lumière me laissaient désemparée, insatisfaite. Mes pas me conduisaient souvent allée des Brouillards, à Montmartre, où, assise sur un muret bordant un jardinet, je rêvais et pleurais sur mes difficiles amours.

La nuit, on fait des rencontres, la plupart sans grand intérêt. Un soir, je suivis place du Tertre un garçon qui m'avait murmuré des vers de Victor Hugo :

Je veux dans l'ombre où j'erre
Paris tremble, ô douleur, ô misère !
Je veux dans l'ombre où j'erre
Avec mon coutelas.

J'enchaînai :

... Être appelé : mon frère,
Paris tremble, ô douleur, ô misère !
Être appelé : mon frère,
Par le czar Nicolas !

Je souris de son étonnement et lui révélai que j'avais lu ces vers la veille, et qu'ils correspondaient assez bien à ce que vivait Paris. Nous parlâmes une partie de la nuit littérature, révolution... Je le quittai à l'aube, promettant de le revoir.

Avec François Maspero, j'allai visiter Vézelay. C'est là qu'il me parla d'Ernesto Guevara et de Régis Debray avec beaucoup d'émotion. Il me parla aussi de l'« homme nouveau » cher au Che, de son rêve de changer le monde. Il me quitta un matin pour rendre visite à Jules Roy qui demeurait à deux pas de la basilique.

L'automne arrivait, les jours me semblaient longs et monotones. Les enfants m'ennuyaient, l'édition et la librairie aussi ; tout redevenait comme avant : c'était à désespérer !

À la rentrée des classes, Franck regagna son collège : il entrait en sixième. J'avais loué près de Gambais une maison ayant appartenu à Robert et Sonia Delaunay et dans laquelle le poète Maïakovski avait séjourné. La maison était en piteux état, ce qui me valut six mois de location gratuite. Après avoir fait installer le chauffage, maman, mon frère et moi nous entreprîmes de la repeindre et de donner au jardin un aspect moins broussailleux. Bientôt chacun y trouva ses marques. La maison devint vite un lieu d'étude et de repos, et nombreux furent les amis qui aimaient à s'y retrouver.

Au printemps suivant, des hirondelles firent un nid dans ma chambre ; j'y vis un signe de bonheur, ce qui n'était pas l'avis de maman qui rouspétait contre les « saletés » des oiseaux. Nous aménageâmes un potager où nous plantâmes des pommes de terre. Quel ne fut pas mon étonnement devant l'abondance de la récolte. Agenouillée sur le sol, fouillant la terre de mes mains nues, j'avais l'impression de mettre au jour un trésor.

Dans le grenier, j'installai une bibliothèque, une salle de jeux et de télévision. Mais ces travaux coûtaient cher et mes finances étaient au plus bas. « On verra bien », me disais-je. Je partais faire une promenade à vélo et revenais la tête lavée de ces soucis triviaux. Fallait-il que je fusse inconsciente ou idiote ! Aujourd'hui encore, j'hésite à qualifier mon comportement... Mon amant me regardait vivre, étonné de ce qu'il appelait « mon insouciance ». Il est vrai que celle-ci lui coûtait cher.

En dépit de cela, nos relations amoureuses étaient de plus en plus fortes. Un jour que nous étions venus passer la nuit à Gambais en pleine semaine, il me dit : « Vous voulez ma peau ! » Je ne répondis pas, mais pensai : « Votre peau, je l'aurai ! » Quand il me dit quelque temps plus tard qu'il m'aimait, je me sentis inondée de bonheur, tandis qu'une petite voix me soufflait : « Pauvre con, c'est trop tard ! » Cette voix me serra le cœur, car je savais qu'elle avait raison et que, bientôt, je n'aimerais plus celui qui venait de prononcer ces mots tant attendus. Savait-il que j'avais des amants dont certains désiraient m'épouser ? Qu'avec eux je participais à des « fêtes érotiques » qui me troublaient tout en me laissant insatisfaite ? Que j'aimais à traîner dans les bars de la rue Pigalle ou de la rue Frochot où je m'étais réfugiée avec mes tracts et mes journaux, un jour que j'avais été poursuivie par les CRS ?

C'est dans l'un d'eux, tenu par Carmen, que je passai plusieurs heures, un soir de juin particulièrement chaud. Je m'installai au bar et commandai un porto. Les filles approchèrent, intriguées : « Qu'est-ce que tu fous là ? » me demanda l'une d'elles. J'expliquai. Elle me regardait, incrédule : « Faut être malade ! » Carmen prit la parole : « Ces trucs-là, c'est mauvais pour le commerce. Depuis les barricades, on voit plus personne. La révolution, c'est pas bon pour nous autres. » En effet, ce jour-là, je fus, si je puis dire, le seul « client ». Je revins le lendemain, puis les jours suivants. On mettait des pièces dans le juke-box et on dansait entre filles, on riait. Peu à peu, elles s'habituèrent à moi sans bien comprendre ce que je venais chercher là. « T'es même pas lesbienne, me disait Carmen ; les filles, ça les dérange. Tu viendrais avec ton amant pour une partie à trois, elles comprendraient, c'est la vie ; mais rien que pour bavarder et boire un verre, ça les dépasse ! »

Peu à peu, les clients revinrent. Certains me firent des avances, que je repoussai ; eux non plus ne comprenaient pas. Un jour que je manquais cruellement d'argent, je demandai à Carmen en désignant les filles : « Que dois-je faire pour travailler comme elles ? » Elle me dévisagea, incrédule, puis éclata de rire. Ce devait être inhabituel, car les femmes tournèrent leurs regards vers nous. Quand elle se fut calmée, elle sortit de derrière le bar et s'approcha de moi : « Je ne crois pas que tu sois douée pour ce métier. Il faut avoir connu une grande misère pour l'exercer. Aucune d'entre elles ne l'aurait choisi si elle avait pu faire autrement.

– Ont-elles des souteneurs ? demandai-je.

– Deux seulement, les plus jeunes. Les autres ont racheté leur liberté. Elles me reversent une petite commission à chaque passe, en échange de la sécurité du bar. Ici personne ne les embête, ni les macs ni les flics.

– Il y a longtemps que tu tiens ce bar ?

– Depuis la guerre. Avant, j'en pinçais pour un musicien, un joueur d'accordéon. Comme dans la chanson d'Édith Piaf, il n'est pas revenu de la guerre. J'ai tapiné quelque temps jusqu'à ce que le patron des clandés du coin me confie cette affaire. À sa mort, je l'ai rachetée. Voilà, tu es satisfaite ? »

Je la remerciai de sa confiance. Pendant quelques jours, je ne remis plus les pieds dans ce bar. À mon retour, toutes me demandèrent si j'avais été malade ou si les flics m'avaient arrêtée avec mes tracts. Mes réponses ne les rassurèrent qu'à demi. Carmen m'offrit un verre. Je rentrai tard, ce soir-là.

Parmi les prostituées, l'une d'elles me plaisait bien, elle était gaie et jolie. Un jour, je l'invitai à déjeuner et lui donnai rendez-vous à la librairie. Quelle idée saugrenue ! La présence de la pauvre fille au milieu des livres était déplacée. Comme dans la chanson : « Elle sentait l'vice à bon marché » et en paraissait moins jolie. J'en eus le cœur serré. Nous déjeunâmes au Wepler. Elle mangea peu, but beaucoup. En me quittant, elle me remercia et me demanda de ne plus jamais l'inviter. Je l'embrassai et la regardai s'éloigner en maudissant ma bêtise et ma naïveté.

Je cessai peu à peu de fréquenter le bar de la rue Frochot.

Le 4 août, les Israéliens bombardèrent des camps palestiniens. À Los Angeles, Black Panthers et police échangèrent de nombreux coups de feu. La France fit exploser sa première bombe H dans le Pacifique. Le 20, les chars soviétiques pénétrèrent dans Prague. Au Biafra, 10 000 personnes mouraient chaque jour, la guerre civile qui faisait rage prenait des allures de génocide. Devant la recrudescence des combats, la Croix-Rouge, ne parvenant plus à faire parvenir vivres et médicaments aux populations affamées, devait suspendre son aide aux réfugiés. En Iran, un tremblement de terre faisait au moins 10 000 victimes. Le 12 octobre, tandis que l'armée pénétrait dans l'université, faisant dix-huit morts parmi les étudiants, s'ouvraient au Mexique les XVIe Jeux olympiques. Deux sprinters noirs américains, Tommie Smith et John Carlos, respectivement vainqueur et troisième du 200 mètres, levèrent sur le podium leurs poings gantés de noir en baissant les yeux devant le drapeau américain qui flottait au mât olympique. En novembre, Richard Nixon fut élu président des États-Unis. Au Vietnam, les bombardements cessèrent. Partout ce furent des explosions de joie. Après tant d'années de souffrances, le peuple vietnamien sortait victorieux d'une guerre contre la première puissance du monde. Le général de Gaulle salua la victoire de son vieil ennemi Hô Chi Minh qui devait mourir peu après, le 3 septembre 1969.

Bien des années plus tard, j'accompagnai François Mitterrand lors de sa visite au Vietnam et allai visiter la maison dans laquelle l'oncle Hô avait passé les derniers mois de sa vie. Assise devant la vaste table où il aimait à recevoir collaborateurs et visiteurs, je lui adressai une prière pour la réussite du livre que j'écrivais alors sur la guerre d'Indochine[1] ; je suis sûre qu'il m'entendit. Peu après, à l'ambassade de France, je rencontrai le général Giap, le vainqueur de Diên Biên Phu. Jamais homme de si petite taille ne me parut si grand. Il dominait en souriant ces militaires français qui s'inclinaient devant lui. Il m'accorda un entretien et répondit à mes questions dans un français parfait. Il me donna son adresse pour que je puisse lui communiquer par écrit toutes les questions que je me posais sur la guerre entre son peuple et la France. Je lui écrivis mais ne reçus pas de réponse : sa femme me fit savoir qu'il était souvent absent de Hanoi, qu'il voyageait en Chine.

Le mois suivant, je revins au Vietnam en compagnie de Pierre, mon mari. Ce fut un voyage passionnant mais difficile, car le pays s'ouvrait pour la première fois aux étrangers depuis la fin de la guerre. À la demande de François Missoffe, ancien ministre du général de Gaulle, présent en Indochine en 1945, Pham Van Dông, ami d'Hô Chi Minh et

1. Cf. *Rue de la Soie*, Fayard, 1994 et *La Dernière Colline*, Fayard, 1999.

ancien Premier ministre du Nord-Vietnam, nous reçut deux heures durant dans sa résidence privée. François Missoffe, aveugle, m'avait dicté une lettre que je remis à Pham Van Dông. Je la lui lus, car lui aussi avait perdu la vue. Il répondit simplement à nos questions dans un français impeccable, ponctué souvent d'un rire discordant qui surprenait chez cet homme élégant, tout vêtu de blanc. À la fin de l'entretien, nous lui demandâmes comment il voyait l'avenir de son pays. Son visage se ferma et il murmura : « Les Américains veulent leur revanche. » Puis, nous saisissant la main, ses yeux morts emplis de larmes, il dit d'une voix tendue : « Nous autres, Français et Vietnamiens, nous sommes des hommes, n'est-ce pas ? Pas les Américains ! » Que répondre ? Leur revanche, ils la prenaient, c'était surtout visible à Saigon – Hô Chi Minh-Ville, comme on disait maintenant – où la présence américaine s'étalait partout dans la musique, le cinéma, les vêtements et jusque dans la cuisine...

En partant, il nous embrassa, nous faisant promettre de revenir le voir. Pierre et moi, nous marchâmes lentement dans les rues de

Hanoi, silencieux, pleins de tristesse pour cet homme que nous laissions désespéré. Sur les conseils de François Missoffe, je lui avais apporté une cassette. J'avais choisi celle où Georges Duby lisait son livre, *Guillaume le Maréchal, premier chevalier de France.* Il m'avait semblé que ce texte, parlant du respect de soi et de la parole donnée, pouvait toucher celui qui nous avait combattus dans l'honneur. À ce jour, c'est la plus belle rencontre que j'aie jamais faite.

Lors de ce voyage, nous allâmes sur la RC 4, le long de la frontière chinoise, là où avaient eu lieu de sanglants combats entre l'armée française et le Vietminh. Marchant sur cette route enserrée de part et d'autre par la jungle, je compris que les Français n'avaient eu aucune chance de remporter cette guerre contre un peuple qui luttait, sur son sol, pour son indépendance. Ce que j'éprouverais bien des années plus tard en Bolivie, à La Higuera, sur les lieux où avait combattu Ernesto Guevara et où Régis Debray avait été fait prisonnier : la terre se défend contre les hommes qui n'ont rien à y faire.

Un ancien professeur, un vieil homme de plus de quatre-vingts ans, avait demandé à nous accompagner ; il voulait revoir le Haut-Tonkin, sa région natale, avant de mourir. Durant le voyage, il nous parla de la littérature française qu'il aimait tant et qu'il enseignait aux combattants du Vietminh. Comme nous nous en étonnions, il précisa que, n'étant pas combattant, c'était là son apport à la guerre d'indépendance : permettre à ses compatriotes de connaître une littérature qui, selon lui, était comme un phare permettant de voir au-delà des combats qui, un jour, prendraient fin.

J'ai écrit deux romans se déroulant durant la guerre d'Indochine et j'ai eu le plaisir de recevoir un nombreux courrier, tant de Vietnamiens que de Français, me félicitant pour l'honnêteté de mon travail. Un ancien ministre du général de Gaulle, prisonnier du Viet-minh, de nombreuses années m'écrivit : « Je ne suis pas d'accord avec vos positions politiques mais, pour une femme, vous ne dites pas de conneries quand vous parlez de la guerre ! »

9

La seule manière de ne pas s'exposer à subir une humiliation, c'est de la prévoir.

A. D'HOUTETOT

Ces souvenirs indochinois m'éloignent de cette année 1968. Je n'avais alors encore rien écrit et ne pensais pas en être jamais capable. L'épisode du *Cahier volé* n'était pas réglé. Il fallut la tendre amitié de Dominique Aury, l'auteur d'*Histoire d'O*, avec laquelle je fis un livre d'entretiens intitulé *O m'a dit*, pour que, durant un été, je m'essaie à raconter une histoire que j'intitulai, *Blanche et Lucie*. Plusieurs éditeurs voulurent la publier. Comme j'étais à court d'argent, je la donnai au plus offrant. Ce fut Alex Grall, directeur des éditions Fayard, qui l'emporta en doublant l'offre d'un de ses concurrents. « Vous êtes un marchand de tapis, lui dis-je en riant, topons là ! » Le marché fut conclu, le livre sortit et remporta un joli succès.

L'année suivante, je publiai *Le Cahier volé* qui me fit revivre, dans les cris et les larmes, un douloureux épisode de mon adolescence. Est-ce cette mésaventure qui me fit par la suite me rebeller contre toute forme d'interdiction ? J'ai toujours pensé que, si j'avais eu quinze ans à la fin de la guerre, au moment de la Libération, j'aurais été moi aussi tondue, battue, insultée par la populace. Pour avoir vu des filles rasées et malmenées par les gens de Montmorillon par un bel après-midi de septembre 1944, je me suis juré de ne jamais accepter l'humiliation. Cependant, cette humiliation, je devais la connaître quand, adolescente, on m'obligea à détruire et brûler les cahiers intimes qui me restaient. Je ressens encore dans mes mains la résistance des couvertures cartonnées de ces pages, couvertes de ma vilaine écriture, relatant mes joies et mes peines d'enfant, mes amours aussi, tel celui que j'éprouvais pour une fille de mon âge, Manon. Je relis dans *Le Cahier volé* ce que j'en écrivis, bien des années plus tard :

« Les couvertures en carton sont dures à arracher ; des photos, des pétales de fleurs séchés, des articles de journaux, des images pieuses s'échappent des pages ; rageusement, je les déchire aussi. J'ai ouvert la grille du poêle, je jette les feuillets qui se tordent dans les flammes, les mots semblent vouloir sauter du feu, mais retombent consumés. À chaque page arrachée et brûlée, c'est un peu de moi qui est blessé et qui meurt. Malgré moi, mes larmes se sont remises à couler. On n'entend que le bruit du papier déchiré et le ronflement des flammes. La dernière page mise au feu, je referme lentement la grille comme on doit refermer celle d'un tombeau. La tête me tourne. Je suis légèrement engourdie par la chaleur qui monte du foyer. Je sais, là, maintenant, que jamais, plus jamais je ne me laisserai humilier. Qu'il faudra que je prenne une revanche éclatante pour oublier. Je pressens aussi, hélas, que j'aurai toujours peur des autres, qu'ils me prennent ce que j'ai de plus cher et me forcent à le détruire. Cela me conduira à me montrer dure, frivole, inconstante, pour essayer, malgré ça, d'être quand même aimée d'eux. »

Jamais je ne me suis pardonnée d'avoir obéi et détruit ces mots, les miens. Je me suis juré qu'avec des mots, mes mots, j'écrirais tout cela un jour, montrant par là que l'obtuse méchanceté n'avait pas eu raison de moi. J'étais toujours la révoltée, l'insoumise. Mais je ne pensais pas que ce serait aussi long, qu'il me faudrait autant d'années pour pouvoir exprimer ma colère, ma honte et mon chagrin.

Dans les mois qui suivirent ce sacrifice, je devins une fille des bois, m'enfuyant de la maison, me cachant dans les buissons pour pleurer ou hurler ma haine. Heureusement, il y avait les livres qui, eux, ne trahissent pas. Comment aurais-je survécu sans eux, puisque j'avais été chassée de l'institution Saint-Martial avec ma sœur Chantal, et qu'aucun établissement scolaire de la région ne voulait nous recevoir ? J'essayai d'écrire, de reprendre mon journal, mais la peur me paralysait – une peur qui allait perdurer des années et qui m'effleure encore parfois quand j'écris un livre.

Longtemps après, le souvenir de cette période me laisse le cœur battant, la bouche amère. Comment me pardonner ma lâcheté ? C'est peut-être à cause de cela que je fis front quand on saisit *Irène*, quand je fus entendue par un juge d'instruction, puis que je comparus devant la 17e chambre correctionnelle présidée par Mme Rozès. La première fois que nous nous rencontrâmes, elle me déclara : « Comment, madame Deforges, une jeune femme telle que vous peut-elle publier ce genre de livres ? » Debout face à elle, j'avais l'impression d'être convoquée dans le bureau de la Supérieure qui me disait autrefois : « Mademoiselle Deforges, vous faites de la peine à madame votre mère et à madame votre grand-mère ! »

J'ai été condamnée à plusieurs reprises à de lourdes amendes et, comme cela ne suffisait pas à me faire cesser de publier des livres érotiques, on me condamna pour « outrage aux bonnes mœurs par la voie du livre » ; ce qui eut pour effet de m'interdire de voter, de gérer des sociétés, d'assumer la garde de mes enfants. Comme à l'époque de mes quinze ans, je baissais la tête pour cacher mon sourire, mes larmes aussi. Je me tenais fière et droite, m'évertuant à dissimuler la peur qui m'envahissait. Je crois que j'y réussis.

Un après-midi d'été, nous marchions, Pascal Jardin et moi, sur les Champs-Élysées, et je lui faisais part de l'impossibilité dans laquelle je me trouvais de payer une nouvelle amende : je pleurais. Il m'attira contre lui et me fit asseoir à une table à la terrasse du Fouquet's. Il sortit son carnet de chèques et son stylo. Il remplit et signa un chèque qu'il me tendit en disant : « Je voulais changer de voiture, j'attendrai l'année prochaine. » Cher Pascal, je fus touchée par tant d'élégance et de désinvolture. Un jour, il me fit don du manuscrit de *La Guerre à neuf ans*, un de ses plus beaux livres. Il m'arrive quelquefois de relire ces pages couvertes en travers d'une grande écriture désordonnée. Peu de gens me manquent ; lui, beaucoup. Souvent, dans ma campagne, à Boutigny, je regarde la photo qu'il m'avait offerte : je sens alors sa présence et lui adresse un clin d'œil.

À quel moment au juste eut lieu ce procès devant la 17e chambre correctionnelle où je fus condamnée par Mme Rozès ? Pour quel livre ? *Les Trois Filles de leur mère*, de Pierre Louÿs ? *Ma vie secrète*, d'un auteur anonyme anglais du XIXe siècle ? Je ne sais plus. Pour l'occasion, je m'étais vêtue de blanc et dissimulai mon angoisse de mon mieux. Je tremblai quand elle m'interrogea. Que pouvais-je répondre ? La salle était comble : de nombreux avocats, des journalistes, des écrivains avaient pris place sur les bancs.

Plus tard, dans cette même chambre, j'allais me retrouver au côté d'André Hardellet dont j'avais publié, sous le pseudonyme de Steve Masson, *Lourdes, Lentes*, un très beau texte érotique. Georges Brassens, Julien Gracq, René Fallet, Bernard Noël étaient venus comme témoins. Notre avocat était Léo Matarasso, ancien résistant et homme pétri d'humour, d'intelligence et de bonté. André Hardellet et moi, nous nous tenions debout face au tribunal. Pour se donner contenance, André Hardellet avait mis ses mains dans ses poches. « Monsieur Hardellet, arrêtez de vous tripoter ! » lui lança le président Hennion. J'eus l'impression de recevoir un coup de poing, tandis qu'André, le visage cramoisi, retirait précipitamment les mains de ses poches et restait immobile, les bras ballants. Il y eut un murmure dans la salle. Je regardai avec tendresse le poète, auteur du *Bal chez Temporel*, du *Seuil du jardin*, qui vendait des alliances dans le magasin de ses parents, rue Beaubourg. Que n'avait-il écouté les conseils de prudence du commissaire du quartier qu'il habitait depuis sa naissance, quand ce dernier était venu le trouver pour lui dire qu'il était l'auteur de ce livre poursuivi pour obscénité et lui demander s'il tenait à comparaître à mes côtés ? Ce fut le seul de mes auteurs à avoir ce courage, lui dont j'avais tu le nom quand le juge d'instruction m'avait interrogée sur son identité : « Secret professionnel », avais-je répondu. Nous fûmes condamnés pour « outrage aux bonnes mœurs par la voie du livre ». Nous allâmes en appel mais je m'y présentai seule. Entre-temps, André Hardellet était mort de honte et de chagrin.

Je ne résiste pas à l'envie de donner à lire ici un passage de *Lourdes, Lentes* : « Germaine entre dans la salle à manger, la pièce où je me tiens. C'est la bonne de mes parents, une fille du Nord. Elle a vingt-trois ans et j'en ai douze. Blonde, un peu rousse, des taches de son, des lèvres épaisses, un cul comme une trotteuse de Vincennes. Lourde et lente. Certaine, tangible, en paix avec le monde. Plus tard, lorsque je verrai des Maillol, je comprendrai ; d'autres que moi ont dû sentir la même densité de bonheur chez ces filles de pleine terre et de pleine eau. Ce qu'on aime, on l'aime depuis toujours. [...] Nous avons dîné d'un pâté de lièvre et de pain frais. Je n'ai plus peur : sa santé, sa confiance, elles les a versées en moi. Elle écrase dans le cendrier une de mes "blondes", m'interroge du regard, puis me demande : "Maintenant, mon chéri ? – Oui, si tu veux." Elle se campe devant moi, le ventre en avant, fléchit sur ses cuisses ; ses mains écartent. "Regarde-le, mon Steve. Regarde-le, celui de ta salope." Et je le vois pour la première fois, car, avant, ça ne comptait pas. Des muqueuses roses, mauves, humides : un camélia exténué. Je me jette sur la fleur tiède – et j'ai son odeur. L'arôme de Germaine. Toutes les violettes du presbytère et tout le sel des marées basses, du fauve blond. Je la broute, je la tète, je la dévore et je l'entends gémir, balbutier, mais dans un autre monde. [...] Le temps des feintes est révolu : une interrogation muette porte cette minute à sa dimension véritable. Elle désigne le bras du fauteuil : "Viens t'asseoir. T'auras les fesses talées, à force, sur tes pierres." J'obéis ; je pose ma main autour de son cou, à peine. Elle a rejeté légèrement la tête en arrière, coinçant ma main entre sa nuque et le cuir chaud. Son ventre se soulève et retombe paisiblement au rythme de ses organes. Son ventre et son con – inimaginable, inconcevable et plus réel que tout le reste de la terre. Je ne suis plus au monde – ou plutôt j'y suis pour la première fois de ma vie. Ma part d'Éden, je vais la toucher cash, en une éblouissante monnaie que ne cote aucune Bourse (sacrés vieux cons de milliardaires, magnats, mon cul, badernes contrôlées, si seulement vous deviniez ! Vous ouvririez tout grands vos coffres en échange d'une heure – une seule – pareille !). »

Avant de mourir, André Hardellet m'avait écrit un conte pour enfants, *L'Oncle Jules,* que je publiai avec des illustrations de Wiaz. Rien ne m'a paru plus émouvant que ce vieux garçon amoureux des femmes aux formes plantureuses, racontant cette histoire. Il n'aura pas vu l'édition de son livre...

Je me souviens qu'un jour, Dominique Aury m'avait dit : « Les mots peuvent tuer. »

J'avais souri, trouvant cela exagéré. Non, l'auteur d'*Histoire d'O* n'exagérait pas : la censure des mots d'Hardellet avait provoqué sa mort.

10

Ciel ! Amour ! Liberté ! quel rêve, ô pauvre folle !

ARTHUR RIMBAUD

J'étais toujours très amoureuse et cet amour était ma raison de vivre. En était-il de même pour lui ? Je le crois. Il ne se passait guère de jours sans qu'il m'en donnât des preuves. Cependant, parfois, je le sentais las des caprices de cette femme-enfant qui l'amusaient de moins en moins.

Avec sa fille Camille, il restait distant, presque intimidé. L'enfant ignorait qu'il était son père. Quand je le lui appris : « Je le savais », répondit-elle simplement. Son comportement ne changea pas, si ce n'est qu'elle disait « papa » avec une gourmandise telle que j'en étais bouleversée. Une chose semblait curieuse à nos amis, à moi aussi d'ailleurs : elle tutoyait son père et me vous-soyait sans raison. Un jour, elle me demanda : « Puis-je vous dire tu ?

– Bien sûr, ma chérie, c'est toi qui as choisi de me dire vous. » Elle sourit et répondit : « Alors je continuerai à vous dire vous. » Puis elle retourna à ses jeux. À ce jour, elle continue de me voussoyer.

Vivre avec cette enfant était un bonheur de chaque jour : douce, aimante, curieuse, elle faisait ma joie et celle de ceux qui l'entouraient. Très tôt, elle devint une lectrice assidue, lisant dans le désordre Balzac, Dumas, Zola, la comtesse de Ségur avec la même avidité. Un jour qu'elle lisait *Nana*, Bertrand Poirot-Delpech, qui se trouvait à la maison, lui demanda : « Tu lis *Nana* ? » Sans lever les yeux, elle répondit : « Je le relis ! »

Avec Franck les choses étaient plus difficiles : c'était un adolescent curieux de tout, gai, facétieux et turbulent ; lui aussi aimait lire. En classe, son caractère moqueur lui valait des réprimandes de ses professeurs, d'autant qu'il n'était pas toujours très bon élève. Heureusement, sa gentillesse désarmait souvent le maître irrité par ses facéties.

Les choses se compliquaient à la maison d'édition : j'étais entendue par un magistrat moins aimable que le commissaire Ottavioli. Quand j'avais dit à Christian Bourgois que j'étais convoquée chez un juge d'instruction, il m'avait dit : « Tu n'auras aucun problème. Tu n'auras qu'à remonter ta jupe et montrer tes jambes. » Je m'étais sentie humiliée par cette réflexion que je savais partagée par beaucoup. Était-ce ainsi que me voyaient mes « collègues » ? Cela signifiait pour moi qu'ils ne prenaient pas au sérieux mon travail d'éditeur. Que fallait-il faire pour être reconnue comme l'une des leurs ?

Je lançai la collection « La Bibliothèque privée », vendue par correspondance, dans laquelle j'éditais des textes érotiques des XVIIe, XVIIIe, XIXe et XXe siècles, ainsi que des inédits contemporains dont *La Transparence,* remarquable roman de Julien Saguet dont je publierai plus tard *Dawn*, d'une incroyable violence érotique. Il va sans dire que ces livres furent tous interdits à la publicité et à l'affichage, ce qui revenait en fait à les interdire à la vente.

Malgré l'aide de l'homme que j'aimais, j'avais de plus en plus de mal à joindre les deux bouts. J'errais des nuits entières dans Paris à la recherche de je ne savais quoi. Je rentrais au petit matin, fatiguée et frigorifiée. Le sommeil me fuyait, j'avais peur. J'étouffais mes sanglots pour ne pas réveiller Camille qui dormait dans ma chambre. J'avais le plus grand mal à me lever pour aller travailler. La maison d'édition avait déménagé, nous étions à présent installés rue de l'Échiquier ; je disposais d'un vaste bureau où je recevais journalistes et écrivains.

Un jour, ma secrétaire vint me dire qu'un « monsieur » insistait pour me rencontrer. « Il n'a pas rendez-vous, ajouta-t-elle. Mais il a avec lui un tronc d'arbre.

– Un tronc d'arbre ?

– Oui ! » Je lui demandai de faire entrer. Un homme jeune, élégant, entra, portant effectivement un tronc d'arbre qu'il déposa soigneusement contre le mur. Après s'être assis, à ma demande, il me fit part de l'objet de sa visite :

« Si je suis venu avec ce tronc d'arbre, c'est pour vous faire comprendre le motif de ma présence chez vous. J'ai besoin d'un conseil. Voici ce dont il s'agit : ma femme et moi nous nous adonnons à certains jeux érotiques. Ainsi, dans notre maison à la campagne, j'aime à l'attacher nue, avec son consentement bien sûr, au tronc de cet arbre qui, habituellement, est dans notre jardin, jardin qui donne sur la rue. Les voisins, les passants voient donc ma femme nue et attachée.

– S'en plaignent-ils ? lui demandai-je en retenant un fou rire.

– Non, bien sûr.

– Alors ?

– Alors ? Ma femme ne veut plus être exposée ainsi.

– C'est son droit. »

Il resta un instant tête baissée.

« Je voudrais que vous lui parliez et lui demandiez de revenir sur sa décision. »

Devant mon air aussi étonné qu'agacé, il ajouta :

« Elle vous admire beaucoup en tant que femme et qu'éditeur. Si vous lui dites que mon caprice est des plus banals, elle comprendra et, émanant de vous ne pourra qu'accepter cette demande. »

J'étais estomaquée devant tant de culot.

« Pourquoi ferais-je cela ? De plus, je ne trouve pas du tout normal d'attacher sa femme nue à un arbre sous les yeux des passants.

– Mais, j'avais cru...

– Vous aviez cru quoi ? Que le fait de publier des livres érotiques faisait que j'étais d'accord avec tous les phantasmes exprimés dans leurs pages ?

– Je croyais...

– Vous aviez tort. »

Il s'en alla, penaud, emportant son arbre.

Cependant, peu de temps après, j'acceptai de rencontrer sa femme dans un grand restaurant. Elle était jeune, charmante et élégante. Poussée par la curiosité, j'allai prendre un dernier verre chez eux, avenue Franklin-Roosevelt. Là, dans un luxueux appartement, trônait le tronc d'arbre. Très à l'aise, la jeune femme m'expliqua que cela ne l'amusait plus d'être ainsi exposée, qu'elle recherchait des sensations plus fortes, plus dangereuses. Elle avait suggéré à son mari de l'emmener au bois de Boulogne et de la laisser attachée, nue, à l'un des arbres du Bois, ce qu'il avait accepté avec joie. La seule condition mise par la femme était que je fusse présente. Je déclinai l'offre et m'en revins à la maison, plus troublée que je n'en avais l'air.

Je n'ai jamais plus revu mes deux érotomanes.

Un soir, je fus en revanche invitée par un journaliste connu et me retrouvai à dîner près de la place Clichy. Il y avait là quelques jolies femmes, des écrivains, des acteurs de renom. La cuisine était excellente, les vins aussi ; le fond sonore, agréable. Après le repas, nous passâmes au salon où circulèrent des cigarettes de marijuana. Je tirai sans plaisir quelques bouffées. Je m'étais assise sur un tapis de laine épaisse ; trois ou quatre femmes plutôt jolies s'étaient installées à mes côtés. Nous bavardions en riant de choses et d'autres. Notre hôte s'approcha et nous demanda de le suivre vers une pièce d'où s'échappaient des soupirs sans équivoque. Je refusai et mes compagnes firent de même. Nous éclatâmes de rire devant la déconvenue du maître de maison qui ne trouva rien d'autre à dire que : « Je croyais que vous aviez compris.

– Compris quoi ?

– Que c'était une..., répondit-il en désignant de la tête la pièce d'où provenaient râles et soupirs.

– Une partouze, voulez-vous dire ? répliquai-je. Très peu pour moi. Je n'ai pas l'habitude que l'on décide à ma place avec qui je dois faire l'amour. Mesdames, si le cœur vous en dit, allez vous amuser ! »

Elles préférèrent rester avec moi et bientôt nous partîmes prendre un verre chez Castel où nous dansâmes jusqu'à l'aube. Cela me valut une solide réputation de lesbienne, voire de femme manifestement frigide. Je me gardai d'apporter le moindre démenti à ces allégations.

Cette année-là, je fis la connaissance de Sonia Rykiel qui allait devenir ma meilleure amie. Quand mes finances me le permettaient, j'allais dans sa boutique, avenue du Général-Leclerc, acheter un pull ou un pantalon. En ce mois de mai, elle venait d'ouvrir un ravissant magasin rue de Grenelle où les jeunes femmes dans le vent se précipitèrent. J'aimais la désinvolture et la souplesse de ses vêtements. Ce que j'appréciais par-dessus tout, c'était la place qu'elle accordait au noir, couleur que j'avais faite mienne au sortir de l'adolescence. Ce n'était pas si facile, à l'époque, de trouver à s'habiller en noir, mis à part la « petite robe noire » que toute femme se devait d'avoir dans sa garde-robe pour les cocktails ou les thés, sans compter les enterrements. Je me souviens d'avoir acheté, au rayon vêtements ecclésiastiques du Bon-Marché, une longue cape de curé en rude laine noire dans laquelle je fis sensation et que d'ailleurs je porte toujours. Ce rayon, comme celui des vêtements de travail, a depuis longtemps disparu, tout comme la boutique de la rue Saint-Sulpice où j'achetais des bas de laine ou de coton noirs. Dans ce magasin fréquenté par des religieuses, je furetais au rayon lingerie, qui n'avait rien d'érotique mais me rappelait les sous-vêtements des sœurs de l'institution Saint-Martial séchant sur des fils, dans le potager du pensionnat. À la belle saison, je m'y gavais de groseilles à maquereau ou de fraises à peine mûres. Souvent, j'étais punie de ma gourmandise par d'horribles coliques !

Est-ce en souvenir de ce temps et de ces nonnes revêches que j'aime toujours fréquenter la boutique de l'artisanat monastique, avenue Denfert-Rochereau ? Là, je trouve vieilles dentelles et pantalons fendus, camisoles si raides qu'elles peuvent tenir debout, draps brodés, chemises de nuit, robes de baptême, bavoirs et trousseaux... Jusqu'à ce qu'elles aient eu dix ans, j'ai habillé mes filles de robes à smocks. Elles ont grandi mais je vais toujours là faire provision de santons, de bonbons pour la gorge, de liqueurs, broderies ou vêtements pour nouveau-nés. Les vendeuses, toutes des dames bénévoles, me connaissent et me guident vers les « nouveautés » : on est dans un autre temps.

En 1968, ces dames étaient très inquiètes : la révolution était en marche, selon leurs maris et pères ! Un peu honteuses, elles accumulaient des provisions qu'elles durent distribuer aux pauvres après les « événements ». En attendant, elles s'indignaient de la « chienlit » qui avait envahi le Quartier latin tout proche, et me félicitaient d'avoir « osé venir jusque-là ». Quand j'allais faire des emplettes chez elles, je me composais un personnage auquel on aurait donné le Bon Dieu sans confession : talons plats, jupe sous le genou, coiffure sage – une vraie bigote, à leur image !

Dans mon sinistre quinzième, j'avais découvert le bal de la Marine, fréquenté par les petites gens du quartier Javel et les mauvais garçons. Il y avait là un orchestre qui jouait tangos, valses et paso-doble. On buvait de la bière, des limonades parfumées à la menthe ou à la grenadine, quelquefois un mauvais cognac. L'éclairage était peu flatteur, la décoration sommaire. Il n'y avait que quelques tables et, tout autour de la piste, des bancs sur lesquels les danseuses prenaient place. Je m'amusais à observer le ballet des hommes passant à pas lents devant ces dames qui pouffaient dans leur paume ou arrangeaient leur coiffure. Quand l'un d'eux s'arrêtait devant l'une d'elles, elle se levait puis, minaudant, confiait son sac à une copine. En effet, j'avais remarqué que les femmes venaient à deux, ce qui n'était pas mon cas. Ce n'était pas du goût de ces dames, surtout celle qui trônait derrière la caisse. Je m'asseyais à une table, commandais un diabolo menthe et allumais une cigarette. Je n'attendais pas longtemps un cavalier. Après deux ou trois danses, je rentrais à la maison où je prenais une douche pour chasser l'odeur de tabac, de bière et de sueur.

La foule, ici, était très différente de celle qui manifestait dans les rues. En apparence, nul souci politique n'agitait les cervelles, on était là pour s'amuser, boire et draguer ; les Séguy, les Cohn-Bendit, les Mitterrand ou les de Gaulle, on les laissait aux fils de bourgeois qui croyaient faire la révolution parce qu'ils lançaient des pavés sur les flics en criant « CRS = SS ». Ici on parlait moto, football, cuites et surtout du cul des filles ! Ça, c'étaient des choses sérieuses qui permettaient, une fois par semaine et avant la grève générale, de supporter le boulot détesté et mal payé, le contremaître ou le chef de chantier, les parents ou la bonne femme... Bref, de supporter la vie ! Pour le reste, ils savaient bien que, de toute manière, ce serait toujours eux qui se feraient baiser, une fois la fête finie.

Quelques années plus tard, j'ai écrit sur cet endroit une nouvelle érotique : *Louise ou le quartier de Javel en 1968* : « Entraînée par de belles amies, assistantes assidues des salles de Censier, de la Sorbonne ou de l'Odéon, droguées par l'odeur des grenades du boulevard Saint-Germain et du boulevard Saint-Michel se mélangeant au parfum de la terre parisienne qui, comme le dit Rictus, “au printemps, sent la merde et le lilas”, troublée par ces jeunes mâles en sueur défendant leurs barricades ou affrontant, pavés en main, les hordes noires des CRS, casqués, bottés, heaumes de chevaliers moyenâgeux rabattus sur des visages qu'elle imaginait cruels et virils, matraque au poing. Autre sujet de rêverie trouble et apeurée : Louise ne savait plus très bien où elle en était, moralement, intellectuellement et politiquement. La seule chose qu'elle savait, c'est qu'elle ne voulait pas être étrangère à la fête, mais y participer en distribuant des tracts, en vendant *L'Enragé* et autres feuilles issues du pavé de Paris, ou en défilant à l'appel des syndicats ou des partis. »

J'aimais bien aller aussi dans les dancings, l'après-midi : à celui de la Coupole, du Claridge, du Royal-Lieu ou du Bal-à-Jo. J'avais un faible pour ce dernier qui sentait bon l'avant-guerre et les congés payés, où l'on rencontrait les meilleurs danseurs de java et de tango, et de remarquables accordéonistes. Les habitants du quartier y venaient en famille avant le dîner, les employés avant de prendre leur métro, et des dames d'âge mûr à la recherche d'un gigolo pour passer la soirée. C'était gai, bon enfant. Tous ou presque se connaissaient. On prenait des nouvelles de la santé de la belle-mère, des études du petit dernier. On parlait peu des événements, sauf quand un gardien de la paix, ami du patron, passait boire un canon. On lui posait des questions auxquelles il répondait d'un air entendu : « C'est-y pas malheureux ! », « Faudrait envoyer la troupe ! », « Une bonne guerre, ça les ferait se tenir tranquilles, ces fils à papa ! », « Y paraît qui brûlent des voitures, pas vrai, m'sieu l'agent ? ». « Des dizaines, répondait le brave homme, même qu'y coupent des arbres ! » « C'est-y pas Dieu possible, des choses pareilles ! Et le Grand, le Général, qu'est-ce qui fait pour arrêter tout ce bordel ? » « J'vous l'dis, tout ça, c'est pas bon pour le commerce, pas vrai, ma p'tite dame ? »

C'était à moi que la question s'adressait. Malgré le rire qui me chatouillait les narines, je devais répondre : « Pour sûr que vous avez raison. – Ah, tu vois, la p'tite dame est de mon avis », faisait remarquer mon interlocuteur, non sans fierté. Alors, il me fallait trinquer avec l'assemblée...

Rue de Lappe, j'allais aussi à la Boule-Rouge, bal fréquenté par des rombières maquillées avec outrance, quelquefois édentées, aux coiffures apprêtées, vêtues de robes moulantes qui les boudinaient, et chaussées d'escarpins aux talons éculés qu'elles retiraient entre deux danses. La gent masculine était à leur image. J'éprouvais une véritable tendresse pour ces gens qui venaient chercher dans ce boui-boui un peu d'oubli.

Très vite, la Sorbonne devint un endroit « dangereux » pour la curieuse que j'étais. En effet s'y était développé un service d'ordre chargé en principe de canaliser les manifestants. Rapidement, un petit groupe – ils étaient vingt-neuf – fit régner une sorte de terreur parmi les étudiants ; on les appelait « les Katangais ». Pourquoi ce nom venu d'Afrique ? Leur chef, un certain Lucien Coudrier, dit Lulu, s'était présenté en se disant ancien mercenaire ayant combattu au Congo sous les ordres du colonel Schramme. Il prétendait également avoir fait la guerre en Algérie dans les rangs de la Légion étrangère. Pour faire bon poids, il ajoutait avoir bourlingué en Arabie Saoudite, au Yémen, au

Biafra, et prétendait être né à Shanghai. Tout cela impressionnait fort les étudiants qui lui confièrent l'organisation d'un « service d'intervention rapide ». Il faisait faire l'exercice à ses troupes, dans la cour de la Sorbonne, sous les yeux enamourés de leurs « femmes », de pauvres filles aux cheveux sales et ébouriffés, aux yeux barbouillés d'un épais rimmel noir, vêtues de jeans moulants ou de longues jupes bariolées. L'arsenal des Katangais était composé de matraques, de chaînes de vélo, de lance-pierres, de grenades lacrymogènes ; ils portaient des tenues camouflées et des casques, certains allemands, vestiges de la Seconde Guerre mondiale. Lulu, petit, râblé, vigoureux, avait une abondante masse de cheveux, ce qui, quand il était casqué, le rendait assez ridicule et néanmoins inquiétant. Chicago, Tonio, Rugiati, un Italien surnommé le Pétroleur, car il portait toujours avec lui un bidon de pétrole « pour fabriquer des cocktails Molotov », Mao, un Vietnamien, Jimmy et les autres ne l'étaient pas moins. Ils se révélèrent d'une incroyable brutalité. Ils étaient rétribués 180 francs par jour, mais cela ne leur suffisait pas : ils étaient toujours à court d'argent. Pour s'en procurer, ils rançonnaient les étudiants. Ceux qui ne voulaient ou ne pouvaient pas payer étaient roués de coups. Encasernés dans les bureaux de la Sorbonne, ils se présentèrent plus tard à l'Odéon où ils commirent d'importants dégâts.

La révolte, tant ouvrière qu'étudiante, s'était étendue à l'Europe entière : en Allemagne, sitôt après l'attentat perpétré contre Rudi Dutschke, les Allemands manifestèrent contre les lois d'exception considérées, selon le professeur Ridder, comme « l'alliance de l'État matraqueur et de la racaille ». Ils furent des dizaines de milliers à manifester à Bonn, Dortmund, Francfort, Hambourg, Göttingen. Les échauffourées entre forces de l'ordre et manifestants furent d'une extrême violence. L'université, les usines se mirent en grève. Même dans la placide Autriche, les contestataires envahissaient les rues. Les observateurs furent nombreux à remarquer que le pouvoir se montrait plus sévère envers les mouvements d'extrême gauche qu'envers les mouvements néo-nazis qui resurgissaient un peu partout en Germanie.

En Italie, les étudiants furent plus nombreux que les ouvriers à manifester leur mécontentement. On se battait à Rome, à Milan, à Turin, à Florence. Le 31 mai, dans la capitale, des barricades furent dressées, des voitures incendiées. Les policiers italiens chargèrent avec brutalité et procédèrent à de nombreuses arrestations. Les étudiants arrêtés furent condamnés à des peines d'emprisonnement allant de neuf mois à un an.

Le 4 juin, des étudiants s'opposèrent à la tenue du festival cinématographique international de Pesaro, ce qui fit dire au représentant de la Hongrie communiste : « Ceux qui troublent le festival sont des démagogues, pas des révolutionnaires. »

11

Être lu et jugé est une épreuve, certes, mais non l'espèce d'épreuve que le public imagine.

François Mauriac

Je me demande pourquoi j'ai entrepris de faire remonter à la surface ces souvenirs soixante-huitards : syndrome de l'ancien combattant ? un brin de masochisme ? Tout m'était si difficile, en ce temps-là ! Je faisais cependant illusion : beaucoup étaient persuadés que la vie m'était douce et que le tapage fait autour de moi et de mes publications me servait. S'ils avaient su...

Me revient en mémoire la sortie que me fit une libraire de La Hune, un soir que je venais chercher Agathe Gaillard qui y travaillait ; nous devions aller au cinéma et dîner ensuite. J'entrai, comme à mon habitude, en coup de vent, vêtue d'une façon que beaucoup jugeaient provocante, et me dirigeai vers Agathe qui finissait de servir un client. « J'en ai pour cinq minutes, me dit-elle en m'embrassant.

– Ne te presse pas, je vais regarder les livres. » Je vaquai de rayon en rayon, feuilletai un recueil de poème, les dernières « Série Noire », m'arrêtai longuement devant la table des nouveautés. Une libraire s'approcha, une fille revêche, pas très gâtée par la nature, et me dit : « Quand on vous voit, on a l'impression que tout vous est facile ! » Bien que proférée d'un ton peu aimable, cette réflexion me fit plaisir et sourire. Elle se méprit sur mon expression. « J'ai raison, n'est-ce pas ? » Comment lui dire que ces propos tombaient à pic, au moment précis où je passais par de graves difficultés tant financières que sentimentales. Je pensai « J'ai gagné ! » et remerciai intérieurement les religieuses qui nous recommandaient : « Mesdemoiselles, ne faites jamais pitié ! » ou : « Vos chagrins, vos ennuis ne doivent jamais se voir, c'est une question de dignité ». J'avais retenu la leçon. Et, devant cette femme si déplaisante, j'en rajoutai en désinvolture et en joie de vivre. Ah mais ! À son regard mauvais et envieux, je constatai qu'elle était dupe. Je pris Agathe par le bras et nous sortîmes en riant comme deux gamines. Nous passâmes une soirée très agréable qui se termina chez Castel.

Castel !... 15, rue Princesse... C'était un de mes refuges de la nuit. J'y oubliais ma trop grande solitude, ma tristesse, mes ennuis. Jean Castel me traitait comme une petite sœur, me surveillant du coin de l'œil. Quand il remarquait ma mélancolie, il m'emmenait souper rue Lepic avec ses copains, dans un troquet où jouait un accordéoniste portant jambe de bois. D'autres fois, nous allions dans une boîte minuscule écouter une énorme chanteuse qui faisait penser à Fréhel, dont elle avait emprunté le répertoire.

J'avais connu Jean Castel au Montana, rue Saint-Benoît, où je venais assez régulièrement. Je m'asseyais au fond du bar et commandais un porto que je buvais en fumant à l'aide d'un long fume-cigarette. Souvent, je sortais un livre. À plusieurs reprises, des clients m'offrirent un verre : je refusais toujours. Peu à peu, le barman, les consommateurs s'habituèrent à moi et engagèrent la conversation. Je leur appris que j'étais libraire au drugstore des Champs-Élysées, que j'allais créer un rayon librairie à l'Élysées Store qui s'ouvrait non loin des Champs, rue Quentin-Bauchart.

Un soir, j'acceptai de dîner avec Jean Castel et Jean-Claude Merle qui s'occupait de la Discothèque, rue Saint-Benoît. Nous allâmes à la Coupole et, pour finir la soirée, nous descendîmes au dancing de cette honorable maison. Après quelques tangos et slows, nous gagnâmes le club de Castel qui n'était pas encore installé rue Princesse. Je rentrai tard, un peu ivre, mais heureuse de m'être fait de nouveaux amis.

Très vite, je devins une habituée du club, puis de celui de la rue Princesse. En mai et juin 1968, je m'y réfugiai souvent pour échapper aux CRS ; on se moquait de moi, de mon soutien aux « enragés » : « Tiens, voilà notre révolutionnaire ! » claironnait Castel en m'accueillant. Je laissais dire car j'étais assez de leur avis. Ni Jean Castel ni ses amis ne se montrèrent jamais entreprenants. Tous me faisaient la cour comme on la fait à une amie d'enfance, et je suis sûre que si j'avais cédé à l'un d'eux, les autres en eussent été mécontents, m'en auraient voulu, comme Baudelaire en voulut à la Présidente, la blonde Mme Sabatier qui lui avait cédé après des années d'une cour assidue ; consciemment ou non, j'avais retenu la leçon.

Au fil des années, mon amitié avec Jean Castel et sa femme Yolande se resserra. Ils m'invitaient dans leur campagne, à Saint-Germain-en-Laye, avec leurs enfants ; j'aimais ces moments gais et affectueux. Un jour, j'eus l'occasion de mettre à l'épreuve leur amitié : je venais d'être une nouvelle fois condamnée à payer une lourde amende dont je n'avais pas le premier sou. Je leur demandai de me prêter la somme, ce qu'ils acceptèrent avec tact. Quelques mois plus tard, je pus les rembourser. Je leur en ai gardé une infinie reconnaissance.

Quelquefois, l'homme que j'aimais m'accompagnait. Alors l'attitude de mes amis changeait : ils demeuraient courtois mais pas très chaleureux. Yolande Castel, surtout, faisait effort pour se montrer aimable. « Je n'aime pas son attitude à ton endroit », me dit-elle un jour. Je répliquai qu'il ne m'avait jamais rien promis et qu'il se conduisait très bien avec moi. À son regard, je compris que je ne l'avais pas convaincue.

Avec le recul, je garde le souvenir d'un temps plutôt joyeux où chacun avait à cœur de n'exhiber que la face heureuse de sa vie, tout en dissimulant ses peines et ses problèmes. Chez Castel, la nuit s'écoulait en rires, bavardages légers, danses, et le champagne coulait à flots, comme on dit...

Ces virées nocturnes rue Princesse ne m'empêchaient pas de continuer à rôder la nuit. Dans quel but ?... À la recherche d'aventures ?... de frissons ?... Je n'en sais rien. Je laissais la nuit se refermer sur moi. J'y étais bien. J'avais la sensation que rien de mauvais ne pouvait m'y arriver. Les faits m'ont donné raison : jamais je ne fis de mauvaises rencontres : c'était comme si un ange gardien, amoureux comme moi de la nuit, me protégeait. Cependant, je n'étais pas sans prudence : je pressentais quand je devais faire attention, quand l'endroit où je me trouvais risquait de se révéler dangereux. J'avais pris l'habitude, quand j'entrais dans un bar ou une boîte inconnus, de me faire remarquer par le barman ou par les filles, de me méfier des clients ivres ou agressifs. Je dois à cette attitude d'avoir échappé trois ou quatre fois à des types par trop entreprenants ; le barman me faisait sortir par-derrière et vérifiait que personne ne m'attendait dehors, tandis que devant l'établissement des coups s'échangeaient. Les filles aussi se faisaient complices : « Tu vois pas qu'elle est en main ? Son homme revient, il est pas loin », disaient-elles à un client trop pressant. Et ça marchait. À Pigalle, à Montmartre ou à Montparnasse, il en allait presque toujours ainsi. Il n'en était pas de même dans les bars ou les boîtes de la rue François-Ier, de la rue de Ponthieu ou de la porte de Champerret. Là, la présence du « Milieu » se faisait sentir et je sus très vite que je devais éviter ces endroits.

Ce sont ces virées nocturnes qui me donnèrent l'envie de confectionner un guide à l'usage des femmes seules dans la capitale. En effet, j'avais remarqué que, de passage à Paris, des femmes, étrangères ou non, n'osaient pas sortir seules. Je décidai donc de leur faire part de mon expérience dans un manuel que j'intitulai *Guide de la femme seule à Paris*. Toutes les femmes à qui j'en parlai trouvèrent le projet original et nécessaire, elles qui passaient leurs soirées confinées dans leurs chambres d'hôtel par peur de la rue, ne connaissant pas les lieux où elles pouvaient se rendre sans trop de risques. Je voulais leur raconter quelques-unes des mésaventures que je connus, comme au bar du Fouquet's, où l'on refusa de me servir en me désignant une pancarte sur laquelle était écrit : « Les femmes seules ne sont pas acceptées au bar » ; ou encore au Harry's Bar, rue Daunou, où l'on refusa là aussi de me servir parce que je n'étais pas accompagnée. Un client s'interposa à ce moment-là : « Cette dame est avec moi, servez-la ! »

Je parlai de cette idée de livre à Christian Bourgois qui la trouva intéressante. C'est ainsi que je commençai à « prospecter » les hôtels, les restaurants, les bars, les clubs, les dancings. Pour affiner mon propos, je demandai rendez-vous au nouveau patron de la Mondaine, qui me reçut aimablement. Je lui fis part de ce que je comptais faire et ajoutai qu'à cette fin j'aurais besoin de ses conseils. Tout le temps de mon exposé, il m'avait regardé d'un air dubitatif. Quand j'en eus terminé, il lâcha : « Mon premier conseil, c'est qu'elles restent chez elles ! » Je le dévisageai avec étonnement. « Mais c'est exactement le contraire que je veux qu'elles puissent faire !

– Alors, qu'elles sortent en groupe ! » J'étais sidérée. « Vous ne vous rendez pas compte, c'est beaucoup trop dangereux, et ce n'est pas parce qu'il ne vous est rien arrivé qu'il en sera de même pour les autres ! » Je le quittai, découragée.

Bientôt, j'annonçai à Christian Bourgois que je renonçais à mon projet. Il en fut soulagé : à ses yeux, cela coûterait trop cher. Voilà pourquoi, à ce jour, il n'existe toujours pas de *Guide de la femme seule à Paris* ! J'espère qu'une jeune femme, écrivain ou éditeur, reprendra le flambeau. Bien que les mœurs se soient libérées, du moins en apparence, un tel guide paraît plus que jamais nécessaire à une époque où de plus en plus de femmes voyagent seules et ne peuvent guère compter sur les concierges d'hôtels pour leur indiquer les endroits où elles seront bien reçues, sans risquer d'être importunées.

Que de fois, dans un restaurant ou un bar, en France ou à l'étranger, je me suis trouvée « remisée » derrière une colonne, dans un coin sombre ou près de la porte des cuisines. Je prenais mon courage à deux mains pour refuser la table ainsi proposée. J'obtenais toujours gain de cause, mais il me fallait alors supporter les regards goguenards de la clientèle masculine, ceux, outrés, des femmes qui les accompagnaient, et recevoir avec indifférence les billets que me faisaient parvenir, par le maître d'hôtel, des hommes seuls. Comment une jeune femme osait-elle venir en cet endroit sans être escortée ? Ce n'était pas convenable. Convenable ou non, je m'en moquais ; l'important, pour moi, était de pouvoir me comporter avec la même liberté qu'un homme. Je ne supportais pas que les « convenances » me l'interdissent. « C'est pour éviter la prostitution, m'avait confié le patron de la Mondaine.

– Toutes les femmes ne sont pas des putes ! avais-je rétorqué.

– Non, mais les hommes ne le savent pas.

– Il faudra bien qu'ils s'habituent à ce que nous ayons les mêmes droits qu'eux ! »

Il avait souri, l'air de dire : « Cause toujours ! Ce n'est pas demain la veille ! » Ce temps est certes venu, du moins dans le monde occidental. Cependant, les difficultés demeurent : la présence d'une femme seule dans certains établissements, surtout la nuit, suscite toujours une gêne.

Peu de temps auparavant, j'avais ouvert le rayon librairie de l'Élysées-Store. Jean-Claude Fasquelle ou Yves Berger passaient souvent me voir. Un jour, ils me présentèrent Roger Vailland qui venait de publier *Le Regard froid*. J'aimais beaucoup les livres de ce libertin communiste. Un soir, il m'invita à dîner au Relais Louis XIII, rue du Pont-de-Lodi, où il se montra très entreprenant. Je le repoussai en riant. Le visage cramoisi, les mains moites et tremblantes, il n'avait plus rien du libertin au regard froid. Moqueuse, je le lui fis remarquer. Cela parut l'agacer. Nous poursuivîmes la soirée chez Castel où un slow acheva de lui faire perdre tout contrôle. Le champagne aidant, j'avais le plus grand mal à le contenir. Je réussis enfin à le fourrer dans ma voiture et à le reconduire chez lui, boulevard Malesherbes, où sa femme Élisabeth l'attendait. Le lendemain, elle me téléphona et me dit avec reproche : « Vous me l'avez ramené dans un de ces états ! » Je ris et raccrochai. Cela n'empêcha pas Vailland de revenir rôder à l'Élysées-Store. Son obstination amusait Marie-Christine Schneider que j'avais engagée pour me seconder. Je la revois se présenter à la librairie, ravissante et intimidée ; pour se donner du courage, elle avait bu un peu d'alcool, et cela se sentait. Cette faiblesse m'avait émue. Elle élevait seule trois enfants, dont une fille ravissante, Maria, qui allait devenir célèbre en jouant aux côtés de Marlon Brando dans *Le Dernier Tango à Paris*. Pour l'heure, c'était une belle adolescente qui me dessina les faire-part annonçant la naissance de Camille.

Je fis la connaissance d'un jeune Américain venu en France « voir du pays », Gary Heming. Un peu hippy, jouant de l'harmonica, excellent alpiniste, il avait sauvé un autre grimpeur en difficulté dans le massif de la Chartreuse, alors qu'il escaladait la pente à plus de 2 000 mètres en espadrilles. Nous sympathisâmes. Un soir, je l'invitai à dîner à la maison. Il vint, vêtu d'un mauvais costume froissé et d'un bouquet de fleurs ; maman le trouva très sympathique. Comme il ne savait pas où dormir, après le départ de mes amis, nous lui fîmes un lit dans le salon. Il se réveilla tard et confus, prit un café et partit comme on s'enfuit. Il me faisait la cour avec beaucoup de sérieux ; cela m'amusait. Un jour, il me déclara : « Tu es une allumette ! » Cela me fit éclater de rire. Il voulait dire « allumeuse »... Puis, je le perdis de vue. Plus tard, quelqu'un me dit qu'il s'était suicidé ou encore qu'il avait été assassiné lors d'une randonnée en solitaire... Qui se souvient de lui aujourd'hui ?

L'homme que j'aimais s'amusait de mes rencontres, en riait sans remarquer qu'elles m'apportaient peu de satisfaction.

Les livres que je publiais continuaient d'être régulièrement interdits et les amendes pleuvaient. Un jour, le bruit courut que j'allais être incarcérée pour « non-paiement d'amendes ». Je ne savais plus que faire. Certains me conseillaient de quitter la France ; je m'y refusais. Je demandai conseil au poète Pierre Emmanuel qui venait souvent rue

Dauphine, à la librairie du Palimugre que j'avais créée après celle de l'Or du Temps, abandonnée pour raisons financières. Il me proposa de lancer une pétition en ma faveur. Bien évidemment, j'acceptai. Les signatures affluèrent de tous bords et souvent de la part de personnalités inattendues. Cela me réconforta. La liste fut publiée par *Le Figaro,* mais non dans les journaux dits de gauche. Parmi les signataires, je relève aujourd'hui avec émotion les noms de Marcel Arland, Michel Audiard, Christine Arnothy, André Balland, Dominique Aury, Pierre Béarn, François Caviglioli, Antoine Blondin, Jean-François Bizot, Jean Cayrol, Michel Chaillou, Bernard Clavel, Christiane Collange, Marcel Duhamel, Jean Duvignaud, Michel Foucault, Jean Effel, Matthieu Galley, Antoine Gallimard, Max Gallo, Abel Gance, René Goscinny, Pierre Granier-Deferre, Henri Guillemin, Michel Leiris, Eugène Ionesco, François Nourissier, Edmonde Charles-Roux, Jules Roy, Claude Roy, Maurice Nadeau, Françoise Mallet-Joris, Nathalie Sarraute, Mouloudji, Georges Brassens, Marie Cardinal, Aimé Maeght, Michel Tournier, Jean Guitton, Jean d'Ormesson, Alain Resnais, Jean-Michel

Ribes, Alain Robbe-Grillet, Kléber Haedens, Georges Buis, etc.

Avec Pierre Emmanuel nous parlions littérature mais aussi et surtout d'une de mes marottes : publier les manifestes des mouvements autonomistes français. Il trouvait l'idée intéressante et promit de m'apporter son soutien, ce que j'acceptai avec reconnaissance. Je pris contact avec les différents mouvements : les Corses, les Basques, les Bretons, les Savoyards... Je les vis clandestinement. Je trouvais excessives les précautions qu'ils prenaient pour me rencontrer. Un jour, Pierre Emmanuel vint à la librairie et me dit d'un air gêné : « Chère Régine, j'ai fait une gaffe. J'ai parlé de votre projet à Alain Peyrefitte. Il m'a dit que vous étiez complètement folle et qu'il fallait que vous cessiez immédiatement de vous lancer dans cette entreprise : il y va de la sécurité du territoire. Je suis navré ! » Je l'étais moi aussi. J'estimai cependant que ce n'était pas bien grave, et poursuivis mes contacts. Enfin je reçus lesdits « manifestes » : c'était consternant ! « Si je publie cela, vous serez complètement discrédité », leur avouai-je. Cela ne leur plut pas du tout, mais j'avais raison.

J'abandonnai le projet, au plus grand soulagement de mon ami académicien.

J'avais une autre idée : publier des pamphlets féminins. J'en parlai à quelques femmes écrivains qui s'enthousiasmèrent. J'intitulai cette collection « Les Coléreuses ». Les premiers textes reçus ne correspondaient pas à mon attente : trop timorés, souvent mal écrits, manquant de nerf. Je me souviens notamment de celui de Marguerite Yourcenar contre les femmes portant des manteaux de fourrure ; ce n'était pas digne de l'auteur des *Mémoires d'Hadrien*. Je renonçai.

Je me lançai alors dans la publication de romans noirs des XVIIIe et XIXe siècles, tels ceux de Baculard d'Arnaud, Révéroni Saint-Cyr, Eugène Sue, Pétrus Borel ou autres. Ces livres rencontrèrent un certain succès ; hélas, pas suffisant. J'entamai la publication des *Mystères du peuple,* d'Eugène Sue. C'est à cette occasion que je fis la connaissance de François Mitterrand, alors premier secrétaire du Parti socialiste, à qui je demandai une préface pour le premier volume. Il accepta, disant qu'il admirait beaucoup mon travail d'éditeur : c'était réconfortant. Je lui fis porter le texte du roman dans une édition populaire ; il l'égara. Je lui en fis porter une nouvelle édition. Au bout de trois mois, j'obtins ma préface : pas très bonne. Mais, de ce jour, data une amitié qui dura jusqu'à sa mort.

Au cours des années qui suivirent notre rencontre, nous dînâmes souvent ensemble. Il venait me chercher chez moi, rue Saint-André-des-Arts, vers 20 heures. En attendant que je sois prête, il examinait les livres de ma bibliothèque. Un jour, comme il tenait un livre de Sainte-Beuve qu'il ne connaissait pas, *Le Clou d'or*, je lui exposai de quoi il s'agissait. Au fur et à mesure que je parlais, je mesurai mon imprudence : « Sainte-Beuve est convaincu qu'il ne peut y avoir d'amitié entre un homme et une femme que si l'homme a planté son "clou d'or", c'est-à-dire s'ils ont fait l'amour ensemble. » Je rougis sous le regard qu'il me jeta. Quelle idiote j'étais ! Je donnais un argument de poids à un homme qui me faisait une cour que je feignais de ne pas remarquer !

Quand François Mitterrand fut élu, en 1981, je fus invitée, avec les membres de son comité de soutien, dans un grand hôtel parisien. Là, le nouveau président de la République s'approcha de moi et me chuchota à l'oreille : « Dire qu'il va falloir que j'attende sept ans ! » Je retins mon rire en pensant : « Même au bout de sept ans, il ne se passera rien ! » Voilà comment je ne suis pas devenue une des maîtresses d'un président de la République dont j'aimais la compagnie tant qu'il n'était question, entre nous, que de littérature, bien que nous ne partagions pas les mêmes goûts. Il aimait Chardonne et Morand ; j'aimais Céline et Simenon. C'est lui, cependant, qui me fit lire *Le Sabbat* de Maurice Sachs. Par la suite, je me servis de ce personnage, ami de Jean Cocteau, pour créer celui de Raphaël Mahl, juif et collaborateur, dans *La Bicyclette bleue*. Je m'amusai à mettre dans la bouche de mon héros fictif des phases de Maurice Sachs tirées de ses livres et de sa correspondance, espérant que ceux des critiques qui liraient mon livre le remarqueraient. Aucun n'y prit garde ; je fus déçue par leur inculture et leur manque de curiosité.

Encore une fois, je m'éloigne de cette année 1968 mais tout ce qui suit découle de ce qui se passa cette année-là.

12

Plus je fais l'amour, plus j'ai envie de faire la révolution.

Slogan de Mai.

Avec l'homme que j'aimais, les choses n'allaient pas très bien. Nous faisions l'amour avec toujours autant de fougue et de plaisir, mais je sentais monter son agacement devant ce qu'il appelait mon inconscience et ma désinvolture. Il avait raison, mais n'était-ce pas ma manière de survivre ?

Être une amoureuse clandestine ne me satisfaisait pas ; j'aurais voulu être la seule, l'unique. Je me vengeais en multipliant des aventures dont je sortais triste et insatisfaite.

Je reconnais que je le mettais à bout par mes colères et mon peu de sens des affaires.

Sur ce plan, la situation devenait de plus en plus critique. Outre les amendes, les honoraires d'avocat, j'avais à faire face à des dépenses que je ne pouvais assumer seule. Il m'aidait, bien sûr, autant qu'il le pouvait, mais cela ne suffisait pas toujours. Pour acheter l'appartement de la rue Saint-André-des-Arts, il s'endetta lourdement, auprès de notaires pratiquant des taux usuraires. Quoi qu'il en soit, j'emménageai dans cet appartement où je suis toujours. Bien des années plus tard, grâce au succès de *La Bicyclette bleue*, je pus le rembourser et solder tous les emprunts.

Je réunissais souvent des amis à dîner. C'est ainsi qu'un jour Romain Gary me demanda de lui présenter André Pieyre de Mandiargues pour lequel il éprouvait une grande admiration. J'organisai donc un dîner auquel je conviai entre autres Geneviève Dormann. J'avais particulièrement soigné le menu : foie gras, gibier, un excellent bordeaux. Gary arriva en retard, les cheveux en bataille, vêtu d'une sorte de battle-dress maculé, chaussé de bottes de parachutiste. Il but coup sur coup deux whiskies. (J'apprendrai plus tard qu'il en avait bu deux autres auparavant pour « se donner du courage ».) Il salua Mandiargues avec empressement, lui disant toute l'admiration qu'il portait à son œuvre. L'auteur de *La Motocyclette* le considérait avec ironie. Durant le dîner, il se montra odieux, s'ingéniant à humilier mon hôte qui, bientôt, ne sut plus quelle contenance prendre. Gary buvait beaucoup et mangeait salement. Les autres convives, mal à l'aise, essayaient de faire diversion, lançant des plaisanteries qui faisaient rire Mandiargues aux éclats. Quant à Romain Gary, il avait l'air de ne pas comprendre et, le temps passant, se montra de plus en plus maladroit. Quand il renversa son verre de vin, Mandiargues se moqua méchamment de lui. Peu après, le héros de la Seconde Guerre mondiale prit congé. Je le raccompagnai sur le palier et lui demandai de bien vouloir m'excuser pour cette sinistre soirée dont il s'était fait une joie. Il me répondit d'une voix lasse : « C'est un drôle d'homme qu'André Pieyre de Mandiargues. » Que pouvais-je répondre ? Je le regardai s'engouffrer dans l'ascenseur, titubant, les épaules voûtées. Quand je rentrai, je fis reproche de son attitude à Mandiargues : « Pourquoi avez-vous été aussi désagréable avec quelqu'un qui vous admire tant ? » Sa réponse me surprit : « Il a trop de talent. » Voilà bien une réaction d'écrivain, me dis-je.

Quand mes invités furent partis, je pris dans ma bibliothèque un livre de Gary, *Les Racines du ciel,* et lus : « Il y avait là un rêve de grandeur et de puissance destiné à suivre la trace de tous les autres rêves de grandeur humaine dans la poussière des chemins. » Je reposai le livre et allumai une cigarette, songeuse. Je pris un autre de ses livres, *Chien blanc* : « Je ne suis pas découragé. Mais mon amour excessif de la vie rend mes rapports avec elle très difficiles, comme il est difficile d'aimer une femme que l'on ne peut ni aider ni quitter. »

Quand je revis Romain Gary, il ne m'avait pas tenu rigueur de cette mésaventure. Je lui fis part de la réflexion de celui qu'il admirait tant. « Ah, je comprends mieux ! » me répondit-il, puis il me parla de son prochain livre. Je ne le revis que peu avant sa mort ; il venait de publier : *Au-delà de cette limite, votre billet n'est plus valable.*

C'était boulevard Saint-Germain. J'étais sur un trottoir, lui sur l'autre, et par-dessus la chaussée, il me lança : « Il ne faut pas croire tout ce que j'ai écrit ! » Faisait-il allusion à l'impuissance masculine dont il parlait dans son livre ? Je ne le saurai jamais.

Quand je racontai cette soirée à Jean-Jacques Pauvert, il prit un air narquois : « On dirait que cela vous étonne ?

– Pas vous ? répliquai-je.

– Non, rien n'est moins généreux qu'un écrivain vis-à-vis d'un autre. Toujours il aura l'impression que l'autre lui fait de l'ombre, qu'il va prendre sa place, qu'il obtiendra plus de succès que lui. L'attitude de Mandiargues ne me surprend pas. Comment pourrait-il aimer un écrivain à succès, de surcroît bel homme, aimé des femmes, qui a été l'un des premiers à rejoindre de Gaulle à Londres, qui a combattu courageusement pendant la guerre ? Mais le plus grave, à ses yeux, c'est que cet aviateur crasseux a plus de talent que lui. Et cela, il ne peut le lui pardonner.

– Je croyais que vous n'aimiez pas ses livres ?

– Je préfère ceux de Mandiargues, son univers est plus proche du mien. Cependant, je sais reconnaître le talent, même si le sujet de ses romans ne m'intéresse pas, ou peu. Pauvre Gary, il ne méritait pas cette humiliation. Je vais en parler à Mandiargues.

– N'en faites rien, il n'en sera que plus mauvais ; sans compter que cela lui ferait trop plaisir. »

Jean-Jacques Pauvert suivit mon conseil. Peu de temps après, Romain Gary se suicidait d'une balle dans la bouche.

Camille grandissait. Franck fit avec un camarade de son âge une fugue qui me laissa désemparée. J'appelai son père et lui dis que je croyais savoir où il pouvait être. Je lui indiquai l'endroit et lui donnai rendez-vous là-bas. Je pris ma voiture, laissant maman en larmes, et partis rejoindre le père de mon fils vers Gisors. Franck avait lu un livre sur le trésor des Templiers que l'on disait enfoui dans la région. Je ne me trompais pas : il était bien là avec son copain. Je suppliai son père de ne pas se montrer trop sévère avec lui – en vain. Après l'avoir giflé, il l'engueula méchamment. Je pris mon fils dans mes bras, lui disant que ce n'était pas grave, mais que son père et moi avions eu très peur. Je le ramenai à la maison et restai auprès de lui jusqu'à ce qu'il s'endormît. Je caressai son front en sueur sur lequel je déposai des baisers. « Mon petit garçon, pardonne-moi, je ne suis pas une très bonne mère, je le sais, mais je fais de mon mieux. Ce n'est pas facile, vois-tu. Je ne sais pas te dire les choses que tu attends de moi, je suis trop préoccupée de cet amour qui a envahi mon cœur, de mon travail qui me donne bien des soucis, des procès, des problèmes d'argent. Et puis tu m'intimides, tu deviens si grand, tu es curieux de tout, et je ne sais pas toujours répondre à tes questions. Élever des enfants est très compliqué, il y faut une patience que je n'ai pas toujours, de la disponibilité, de l'indulgence. L'homme que tu deviens me fait peur. Je crains tant de te décevoir, que plus tard tu ne me juges durement et me reproches les livres que je publie. Je sais que tu les lis en cachette et je manque en cela de vigilance ; ces lectures ne sont pas de ton âge. N'est-ce pas mauvais pour toi ? »

Souvent je me posais cette question. Je l'avais posée au docteur Diatkine, ce psychanalyste que j'étais allé voir lorsque j'avais quitté son père. Je n'oublierai jamais cette première visite que je lui fis à son cabinet vieillot de la rue Marbeuf. Je fus surprise par sa laideur, à laquelle je mis des années à m'habituer. Son accueil fut froid, ses propos aussi. Cependant, il me donna le meilleur des conseils, que je suivis à la lettre : « Ne culpabilisez jamais. »

« Aujourd'hui, je culpabilise, puisque tu as voulu partir », me dis-je. Mais, tout de suite, tu as su où il était, me chuchota une petite voix intérieure. C'est vrai, j'avais deviné où il était ; cela me rassura. « Je t'aime, mon chéri.

– Je t'aime aussi, maman », me souffla Franck d'une voix endormie. Alors je sombrai à ses côtés dans un sommeil peuplé de rires, de livres et de trésors enfouis.

Après le joyeux désordre du printemps 68, tout me semblait morne. Paris avait du mal à se remettre de ses débordements ; la rue était triste, les étudiants paraissaient arpenter sans but le boulevard Saint-Michel. Les livres sur les « événements » se succédaient à une cadence qui épuisait les libraires ; chacun y allait de son analyse, à laquelle on ne comprenait pas grand-chose. *Cent ans de solitude,* du Colombien Gabriel García Márquez, paraissait et allait bientôt connaître un durable succès, de même que *Belle du Seigneur* d'Albert Cohen. Marguerite Yourcenar recevait le prix Femina. Le film de Costa-Gavras, *Z*, interprété par Yves Montand, rencontrait un large public malgré son sujet difficile. Le film s'inspirait de l'affaire Lambrakis, un député de gauche abattu à Salonique en mai 1963. La France frissonnait de peur en regardant *Rosemary's Baby*, de Roman Polanski, d'après le roman d'Ira Levin.

À la fin de l'année, je retournai à Avoriaz. J'y avais créé, à l'hôtel des Dromonts, une librairie où l'on trouvait aussi bien des romans policiers que de savants traités, les romans à la mode, des bandes dessinées ou des ouvrages sur le cinéma. J'essayai une nouvelle fois de chausser des skis : sans succès. Dès que je prenais un peu de vitesse, je me laissais tomber, au grand agacement de l'homme que j'aimais. Il est vrai que je n'avais pas une tenue très adaptée : je skiais en jupe, ce qui était peut-être élégant, mais guère pratique. Découragée, je me réfugiais dans ma chambre d'hôtel où je lisais tandis que mon amant dévalait les pentes en compagnie de créatures qui glissaient sur la neige avec une aisance que je leur enviais. Pour dérivatif, j'avais bien les promenades à travers la station en traîneau tiré par des rennes, des films qu'on projetait dans une unique salle, les apéritifs près de la cheminée de l'hôtel, mais cela ne suffisait pas à atténuer mon ennui. Je vis arriver la fin du séjour avec soulagement.

13

Les matelots de l'illusion vont larguer les amarres jusqu'au prochain accès de songe.

JEAN-CLAUDE PIROTTE

Heureusement il y avait les livres. Eux, jamais, ne me décevaient. Je lisais et relisais mon cher Simenon, fascinée par son talent, ce pouvoir qu'il avait de planter un décor en quelques lignes, de donner à voir le déroulement d'une vie, à en comprendre l'inexorable aboutissement. Le temps de la lecture, on vivait avec les personnages du *Charretier de la Providence*, du *Chien jaune*, du *Pendu de Saint-Pholien*, de *La neige était sale*, de *L'Affaire Saint-Fiacre*... Dans ces moments, je retrouvais l'engouement de mon adolescence pour les auteurs américains de la « Série Noire » des années cinquante : Raymond Chandler, Richard Matheson, Horace McCoy, Jonathan Latimer, Dashiell Hammett, W.R. Burnett, Cleve F. Adams... Cela ne m'empêchait pas de me plonger pour la énième fois dans les romans de la comtesse de Ségur, née Rostopchine. Il m'a été agréable, récemment, de lire que Michel Tournier partageait mon admiration pour l'œuvre de la comtesse, et qu'il trouvait que *La Fortune de Gaspard* était un roman balzacien. Et *Pauvre Blaise* ? *Quel amour d'enfant* ? *Jean qui grogne et Jean qui rit* ? *Les Deux Nigauds* ? *Le Général Dourakine* ?... Et que dire des délicieuses illustrations de Gustave Doré, de Castelli ou de Bayard qui les accompagnaient ? Ces romans sont le plus souvent d'une cruauté inouïe ; ils montrent les enfants en butte aux adultes, leurs rapports avec la société de leur temps. Qu'on en juge à ce court extrait d'*Un bon petit diable*, pauvre orphelin persécuté et battu par sa tutrice, mais qui a heureusement plus d'un tour dans son sac :

« Mme Mac'Miche, se souvenant du carton qu'elle avait découvert le matin, arracha les boutons qui maintenaient la culotte de Charles ; elle allait commencer son exécution quand elle aperçut les diables qui lui présentaient les cornes et lui tiraient la langue ; en même temps elle vit de la fumée s'élever et tourner autour de Charles, et elle se sentit suffoquée par une forte odeur de soufre. Les bras tendus, les yeux hagards, les cheveux hérissés, elle resta immobile ; puis elle poussa un cri qui ressemblait à un rugissement plus qu'à un cri humain, et tomba de tout son long par terre. Ce cri épouvantable attira Betty qui resta ébahie devant le spectacle qui s'offrit à sa vue : Mme Mac'-Miche étendue par terre, tenant encore la baguette dont elle voulait frapper le malheureux Charles ; et celui-ci, tournant le dos à la porte, n'ayant pas encore rattaché sa culotte ni rabattu sa chemise, penché vers sa cousine qu'il cherchait à relever. Mais, chaque fois qu'elle se sentait touchée par Charles, elle se roulait en poussant des cris ; Charles la poursuivait, elle roulant pour lui échapper, lui suivant pour la secourir et présentant toujours à Betty les diables qui avaient eu un si brillant succès. »

On imagine la joie des enfants d'alors à cette lecture d'où n'était pas absent un certain sadisme. J'ai lu de nombreuses fois les livres de l'auteur des *Malheurs de Sophie* à Franck et à Camille. C'est Franck, tombé amoureux de la Camille des *Petites filles modèles*, qui avait voulu que l'on donnât ce prénom à sa sœur. Léa, elle, ma cadette, ne prit aucun plaisir à la lecture des *Mémoires d'un âne* ni des *Vacances* : comme tout avait changé en peu de temps !

Après l'une de ces relectures, je dis à Jean-Jacques Pauvert : « Pourquoi ne publiez-vous pas les œuvres complètes de la comtesse de Ségur ?

– C'est une bonne idée, me répondit-il, et vous toucherez un pourcentage sur les ventes. » Les livres sortirent, élégants, habillés de rouge avec une vignette bleue en couverture. Ils remportèrent un succès d'estime ; les ventes, hélas, ne furent pas terribles et ne me permirent pas de gagner le moindre argent.

Cette année-là, je lus aussi *Les yeux d'Ézéchiel sont ouverts*, de Raymond Abellio. Cette lecture me passionna et j'eus envie de rencontrer l'auteur. Cela se fit par l'intermédiaire de Pascal Jardin dont il avait été le précepteur. Lors de notre première entrevue, j'étais intimidée, mais Abellio me mit vite à l'aise. Je lus ses autres livres et lui en parlai avec enthousiasme ; nous devînmes amis. Nous prîmes l'habitude de déjeuner ensemble, une fois par mois, dans une brasserie de la porte de la Muette, près de chez lui. Je lui racontais mes balades dans Paris, la nuit, lui parlais de ma fascination pour ce qu'on appelait le « trou des Halles », où j'aimais descendre en cachette : « Quand je suis tout au fond, je n'ai jamais peur. » Je finis par le convaincre de m'y accompagner, ce que nous fîmes une nuit, malgré son grand âge. Arrivés au fond de la large et profonde excavation éclairée par une lune magnifique, il me dit, après avoir repris haleine : « Je comprends pourquoi vous n'avez pas peur ; nous sommes sur un lieu de sacrifice, d'expiation ; la terre a reçu son tribut de sang. Là était le gibet des Saints Innocents. » Je frissonnai. Il continua : « Regardez ces strates ; nous avons atteint le sol intouché de Paris. » Je regardai en retenant mon souffle. Nous restâmes une heure environ sur les lieux, attentifs aux flaques. Nous n'étions pas seuls, mais, d'un tacite accord, tout le monde s'évitait ; il régnait là un silence sépulcral.

Nous remontâmes en peinant. Pour nous remettre, nous allâmes boire un verre rue Saint-Denis, puis je le raccompagnai. Il me parla de géologie, de Paris, construit selon lui sur du sable, comme New York. « Ce sont des villes où peuvent se développer les activités humaines, ce qui n'est pas le cas de toutes. Certaines sont hostiles à l'homme ; cela vient de leur sous-sol qui diffère parfois d'un lieu à l'autre de la même ville.

– Est-ce pour cela que dans certaines rues de Paris, les commerces changent tout le temps, et que d'autres me paraissent hostiles, dangereuses ?

– C'est cela même », confirma-t-il.

Quelques jours plus tard, je reçus une lettre dans laquelle il me remerciait de l'avoir entraîné dans cette « aventure ». Je retournai une ou deux fois, seule, dans le « trou des Halles ». La dernière fois, des gardes escortés de chiens en interdisaient l'accès aux curieux.

Je n'ai pas oublié ce qu'Abellio me racontait. Souvent j'y repense, surtout quand je traverse la rue de Rennes, que je n'ai jamais aimée, pas même avant qu'un autobus manque de m'y renverser ; je ne dus d'éviter l'accident qu'à la main ferme d'Hervé Guibert qui me retint. Pourtant, j'étais dans les clous !

Hervé Guibert... il me manque parfois. C'est un de ses amis peintre, Jean-François Poussard, qui m'apporta son manuscrit : *La Mort propagande.* Je lus aussitôt ce court texte, fascinée, épouvantée, le cœur au bord des lèvres... Je demandai à rencontrer l'auteur ; il vint. Je vis s'avancer vers moi un garçon d'une incroyable beauté. Le regard direct et froid de ses yeux bleus me transperçait. Une boucle blonde s'obstinait à retomber sur son front. Nous nous dévisageâmes longuement avant de nous avancer l'un vers l'autre. J'étais persuadée d'avoir en face de moi le plus beau des anges, rebelle à Dieu : Lucifer. Je ne comprenais cependant pas qu'il eût écrit un texte aussi effrayant, aussi dérangeant. Je lui dis que j'étais d'accord pour le publier. « Vous êtes sûre ? » me demanda-t-il. « N'est-ce pas dangereux pour vous et pour Hervé de le publier ?, interrogea Jean-François Poussard.

– Sans doute, mais si je ne le publie pas, aucun autre éditeur ne le fera. »

Le texte étant très court, je fis une mise en pages aérée, jouant sur les blancs, et choisis pour la couverture une illustration représentant un ange sombre. Un grand silence accueillit la publication du livre dont on parlait cependant beaucoup sans oser écrire une ligne sur lui. Cela valut à son auteur des lettres enthousiastes de Michel Foucault et de Roland Barthes qui désirèrent le rencontrer. Les amateurs de l'œuvre d'Hervé Guibert et ses amis connaissent la suite...

Malgré les interdictions et les procès, je recevais de plus en plus de manuscrits érotiques, la plupart très mauvais. J'en publiai malgré tout quelques-uns que je préfère oublier. J'en retiendrai un : *Le Nécrophile,* de Gabrielle Wittkop, livre dérangeant, lui aussi, malsain de surcroît. L'auteur était une grande femme brune à l'aspect autoritaire, mariée à un ancien officier prussien et vivant en Allemagne. Son livre rencontra un succès d'estime et échappa à la censure. Par la suite, elle me proposa un autre manuscrit, *La Mort de C.*, que je jugeai inabouti et sur lequel je travaillai de nombreuses heures. Quand j'en eus terminé, elle trouva que son texte avait été grandement amélioré. Je m'apprêtais à le publier quand, déjeunant avec Christian Bourgois, celui-ci me dit : « Je vais éditer un de tes auteurs. » Je le regardai, étonnée, et lui demandai : « Qui ? » Il me donna son nom et le titre du manuscrit. « Mais c'est *mon* livre ! m'écriai-je. Vous n'avez pas le droit !

– Le contrat est signé mais, rassure-toi, je ne lui ai versé qu'un petit à-valoir. » Il m'indiqua le montant : en effet, c'était beaucoup moins que ce que je lui aurais offert. Christian et moi nous nous séparâmes froidement. Quand Gabrielle Wittkop se présenta à la maison d'édition, je la flanquai à la porte.

Plus tard, je la rencontrai à la Foire du livre de Francfort où elle vint vers moi, main tendue, en compagnie de son mari. Je lui tournai le dos. Peu avant sa mort, elle déclara dans une interview que nous ne nous aimions pas, mais que force lui était de reconnaître que je ne manquais pas de courage.

Était-ce du courage ? De l'inconscience plutôt ! Comment pouvais-je faire face aux multiples difficultés quotidiennes ? Je n'en sais rien. Je vivais au jour le jour, confiante dans la Providence. Il me faut bien avouer que, malgré mes ennuis judicaires et financiers, j'avais une chance insolente : toujours je me sortais du « pétrin », comme disait maman.

Ma vie amoureuse continuait avec des hauts et des bas. L'homme que j'aimais se montrait patient et généreux, supportant mes sautes d'humeur, mes colères, mes incartades. Mon plus grand regret était le peu d'empressement qu'il montrait à voir notre fille. L'enfant en souffrait-elle ? Sûrement, mais, toujours d'humeur égale, gaie et charmante, elle n'en disait rien. Je crois qu'il était intimidé par elle.

Je continuais mes virées dans Paris. Plus le temps passait, plus j'aimais cette ville aux multiples visages, me perdre dans ses quartiers les plus improbables, y regarder vivre la rue, à l'affût du plus mince événement. Les marchés, les passages couverts, les gares, les cimetières avaient ma préférence.

Enfin tant pir', que voulez-vous :
À Paris les soirs de Printemps,
Ça sent la merde et les lilas.

JEHAN RICTUS

Je ressors rêveuse de ce voyage dans le temps, étonnée de me remémorer cette fille à la fois forte et fragile que j'étais. Dominique Aury ne m'avait-elle pas dit un jour : « Vous avez, comme Manon Lescaut, ces trois qualités qui rendent toute femme irrésistible : un cœur fidèle, un corps facile et un constant péril » ? Émue, je la regardai en souriant et déposai un baiser sur sa joue pâle. Pascal Jardin, auquel j'avais rapporté cette phrase, la nota et, plus tard, demanda à l'auteur d'*Histoire d'O* s'il pouvait l'utiliser dans un de ses romans.

Un jour, je résolus de ne plus aimer l'homme que j'aimais. Cela prit du temps, mais cet amour s'effaça en douceur pour se transformer, selon les mots de Chateaubriand, « en une amitié passionnée, pour devenir un devoir, pour prendre les qualités de la vertu ; alors il perd sa défaillance de nature et vit de ses principes immortels ». Sans doute notre relation n'atteignit-elle pas ces sommets, mais elle s'en approcha.

Après 1968, rien ne fut plus pareil en bien des domaines, notamment dans celui de l'édition. Dans les années qui suivirent, en fait dans les années 1980 et 1990, furent publiés de nombreux romans érotiques et, ô surprise, la plupart écrits par des femmes. Il y avait chez ces « écrivaines » (je n'aime pas ce mot) une liberté, une verdeur, une insolence, pour tout dire une santé que l'on ne trouvait pas dans les ouvrages écrits par leurs confrères. Elles prenaient à pleines mains cette liberté nouvelle et je m'en réjouissais :

j'avais gagné. Les livres pour lesquels j'avais été poursuivie, condamnée, étaient publiés dans de grandes maisons et ne faisaient plus l'objet de poursuites. Fini le temps de la clandestinité, de la peur : j'avais fait reculer les limites de la censure.

Malgré tout, je ne suis pas dupe : cette liberté d'expression est chose fragile et requiert de la vigilance. À l'heure des films pornos à la télévision, d'Internet, des annonces spécialisées, des conseils pour mieux faire l'amour dispensés dans les journaux féminins, les tenants de l'ordre moral veillent et n'ont pas désarmé.

Une chose m'amuse : *Le Con d'Irène,* qui me valut tant d'ennuis, est actuellement publié au Livre de poche et dans la prestigieuse collection de « la Pléiade »... Comme quoi : autres temps, autres mœurs !

En France, à Paris surtout, tout se termine, dit-on, par des chansons. Alors, avec Claude Nougaro, chantons :

Mai mai mai Paris mai
Mai mai mai Paris
Le casque des pavés ne bouge plus d'un cil
La Seine de nouveau ruisselle d'eau bénite

Le vent a dispersé les cendres de Bendit
Et chacun est rentré chez son automobile...
Mai mai mai Paris mai
Mai mai mai Paris.

Paris, mai 2008.

BIBLIOGRAPHIE COMPLÈTE
DE RÉGINE DEFORGES

Aux Éditions Fayard :

- *Blanche et Lucie*, roman, 1976 ;
- *Le Cahier volé*, roman, 1978 (épuisé) ;
- *Contes pervers*, nouvelles, 1980 ;
- *La Bicyclette bleue*, roman, 1981 ;
- *La Révolte des nonnes*, roman, 1981 ;
- *Les Enfants de Blanche*, roman, 1982 ;
- *Lola et quelques autres*, nouvelles, 1983 ;
- *101, avenue Henri-Martin* (*La Bicyclette bleue*, tome II), roman, 1983 ;
- *Le diable en rit encore* (*La Bicyclette bleue*, tome III), roman, 1985 ;
- *Sous le ciel de Novgorod*, roman, 1989 ;
- *Noir Tango* (*La Bicyclette bleue*, tome IV), roman, 1991 ;
- *Rue de la Soie* (*La Bicyclette bleue*, tome V), roman, 1994 ;
- *La Dernière Colline* (*La Bicyclette bleue*, tome VI), roman, 1996 ;
- *Pêle-mêle, Chroniques de « L'Humanité »*, tome I, 1998 ;
- *Cuba Libre !* (*La Bicyclette bleue*, tome VII), 1999 ;
- *Pêle-mêle, Chroniques de « L'Humanité »*, tome II, 1999 ;

- *Roman ferroviaire*, nouvelles érotiques, 1999 ;
- *Camilo*, portrait du révolutionnaire cubain Camilo Cienfuegos, 1999 ;
- *Pêle-mêle, Chroniques de « L'Humanité »*, tome III, 2000 ;
- *Alger, ville blanche* (*La Bicyclette bleue*, tome VIII), roman, 2001 ;
- *Pêle-mêle, Chroniques de « L'Humanité »*, tome IV, 2002 ;
- *Les Généraux du crépuscule* (*La Bicyclette bleue*, tome IX), roman, 2003.
- *La Hire, ou la Colère de Jehanne*, roman, 2005.
- *Et quand viendra la fin du voyage...* (*La Bicyclette bleue*, tome X), roman, 2007.
- *Deborah, la femme adultère*, roman, 2008.

Aux Éditions Calmann-Lévy :

- *Casanova était une femme*, correspondance échangée par Régine Deforges et Sonia Rykiel, illustrée par Claire Bretécher, 2006.

Aux Éditions Jean-Jacques Pauvert :

- *O m'a dit*, entretiens avec l'auteur d'*Histoire d'O*, Pauline Réage, 1975 (épuisé) ; nouvelle édition avec une préface inédite, 1995.

Au Cherche-Midi Éditeur :

- *Les Cent Plus Beaux Cris de femmes*, anthologie, 1981 (épuisé) ;
- *Poèmes de femmes*, anthologie, 1993, 2008.

Aux Éditions Nathan :

- *Léa au pays des dragons*, conte et dessins pour enfants, 1991 (épuisé).

Aux Éditions Ramsay :

- *L'Apocalypse de saint Jean*, racontée et illustrée pour les enfants, 1985 (épuisé) ;
- *Ma cuisine*, livre de recettes, 1989 (épuisé).

Aux Éditions Albin Michel/Régine Deforges :

- *Le Livre du point de croix*, en collaboration avec Geneviève Dormann, 1987 (épuisé).

Aux Éditions Albin Michel :

- *Pour l'amour de Marie Salat*, roman épistolaire, 1986 ;
- *Les Poètes et les Putains*, anthologie composée en collaboration avec Claudine Brécourt-Villars, 2004.
- *Le Collier de perles*, 2006.

Aux Éditions du Seuil :

- *Le Couvent de sœur Isabelle*, conte et dessins pour enfants, 1991 (épuisé) ;
- *Léa chez les diables*, conte et dessins pour enfants, 1991 (épuisé) ;
- *Léa et les fantômes*, conte et dessins pour enfants, 1992 (épuisé) ;
- *Ce siècle avait trois ans, journal de l'année 2003*, 2004.

Aux Éditions Plume :

- *Rendez-vous à Paris*, illustré par Hippolyte Romain, 1992 (épuisé).

Aux Éditions Lionel-Hoëbeke :

- *Toutes belles*, photographies de Willy Ronis, 1992.

Aux Éditions de l'Imprimerie nationale :

- *Juliette Gréco*, photographies d'Irmeli Jung, 1990 (épuisé).

Aux Éditions Spengler :

- *Paris chansons*, photographies de Patrick Bard, 1993 (épuisé) ; nouvelle édition aux Éditions Mango-Images, 1998 (épuisé) ;
- *Troubles de femmes*, en collaboration avec treize autres femmes écrivains, auteurs de nouvelles érotiques, 1994 (épuisé) ; nouvelle édition dans la collection de poche des Éditions Pocket, 1996.

Aux Éditions Fayard/Spengler :

- *Roger Stéphane ou la Passion d'admirer*, carnet I, 1995.

Aux Éditions Stock :

- *Les Poupées de grand-mère*, en collaboration avec Nicole Botton, 1994 ;
- *Le Tarot du point de croix*, en collaboration avec Éliane Doré, 1995 ;
- *Ma cuisine*, anciennes et nouvelles recettes de Régine Deforges, album illustré, 1996 ;
- *Les Non-Dits de Régine Deforges*, entretiens de Régine Deforges avec Lucie Wisperheim, 1997 ;
- *Ces sublimes objets du désir*, en collaboration avec Claudine Brécourt-Villars, 1998.

Aux Éditions Blanche :

- *L'Orage*, roman érotique, 1996.

Aux Éditions Mango-Images :

- *La Chanson d'amour, petite anthologie*, en collaboration avec Pierre Desson, 1999.

Aux Éditions Blanche/Robert Laffont :

- *Entre femmes*, entretiens avec Jeanne Bourin, 1999.

Aux Éditions l'Inédite :

- *La Collection de point de croix de Régine Deforges*, album réalisé en collaboration avec Isabelle Faidy et Julien Clapot, 2006.

Photocomposition Nord Compo
Villeneuve-d'Ascq

Achevé d'imprimer en août 2008
par ***Bussière***
à Saint-Amand-Montrond (Cher)

35-33-3969-9/01

ISBN 978-2-213-63742-2

Dépôt légal : septembre 2008.
N° d'édition : 106744. – N° d'impression : 082519/1.

Imprimé en France